JN021878

日中戦争と植民地教育の展開

The Sino-Japanese Total War and the development of colonial education

植民地教育史研究年報◎ 2018
Reviews of Historical Studies of Colonial Education vol.20

21

日中戦争と植民地教育の展開

2018　植民地教育史研究年報　第21号　目次

巻頭言

「平成の徴用三十四万人」
今こそ植民地清算を

佐野通夫*

　2018 年は朝鮮半島にとって、平和への激動の年であった。金正恩委員長の新年辞に始まり、平昌冬季オリンピックへの南北合同チーム参加、3 度の南北首脳会談、そして 6 月、朝米首脳会談と決して後戻りさせてはならない動きがなされた。

　それに対する日本のありさまは目を覆いたくなる状況である。たとえば、正式国名と正規の肩書きをもって作成されている首脳合意文書をあえて、「北朝鮮」とねつ造訳をしていたり、南北首脳が「核兵器も核の脅威もない朝鮮半島」と語っているものを「核の脅威」を除いてねつ造報道したりしている。そればかりでなく、「「朝鮮戦争終戦」を警戒」という記事が掲載されたりしている。

　10 月 30 日には、東京高裁が 2017 年 9 月の東京地裁判決に続き、「高校無償化」からの朝鮮学校排除を不当として訴えた朝鮮高校生に敗訴判決を言い渡した。全国 5 か所で闘われている「無償化」裁判の中で、2017 年 7 月の大阪地裁が朝鮮学園の訴えを認めたほかは、広島、名古屋地裁が高校生、学園側の敗訴判決を言い渡し、現在高裁で係争中、福岡地裁が 2019 年 3 月の判決を待ち、地裁で朝鮮学園勝訴を言い渡した大阪では 9 月 27 日、高裁で不当な逆転敗訴判決が下されている。

　これまでの東京における地裁 14 回、高裁 2 回の証人尋問や審理は何であったのだろうか。文科省が並べた 2 つの理由のうち、安倍政権は省令ハの削除によって、朝鮮学校だけを不当に「高校無償化」から排除しようとしたにもかかわらず、これまでに下された不当判決はすべて省令ハの削除の問題には触れず、文科大臣に広い裁量権があるとして、規程

*子ども教育宝仙大学

13条についての判断に終始している。東京高裁・阿部潤裁判長は法廷で
わざわざ判決理由を読み上げたが、その論理の破綻はどうにも理解でき
るものではなく、結論ありきの無理矢理のこじつけとしか言えないもの
だった。広島裁判弁護団長の足立修一弁護士が法廷を出がけに吐き捨て
た「理由になっていない！」がすべてを物語っている。
「無償化」排除の9年間に、当初は法論理の上からも朝鮮学校への適用
を当然としていたマスコミが手のひらを裏返すかのようにこの不当判決
に沈黙している。

　2018年10月30日、東京高裁が不当な朝鮮高校生敗訴判決を下したそ
の日、韓国大法院は、日本による朝鮮植民地期に強制動員された元徴用
工4人が新日鉄住金株式会社を相手に損害賠償を求めた裁判で、被害者
の損害賠償を認めた差し戻し審に対する新日鉄住金の上告を棄却し、元
徴用工1人あたり1億ウォン(約1千万円)を支払うよう命じた判決が
確定した。
　本判決は、元徴用工の損害賠償請求権は、日本政府の朝鮮半島に対す
る不法な植民地支配及び侵略戦争の遂行と直結した日本企業の反人道的
な不法行為を前提とする強制動員被害者の日本企業に対する慰謝料請求
権であるとした上で、このような請求権は、1965年に締結された「日本
国と大韓民国との間の財産及び請求権に関する問題の解決と経済協力に
関する協定」の対象外であるとして、韓国政府の外交保護権と元徴用工
個人の損害賠償請求権のいずれも消滅していないと判示した。
　一方、日本の国内では、安倍首相が同日の衆議院本会議において、元
徴用工の個人賠償請求権は日韓請求権協定により「完全かつ最終的に解
決している」とした上で、本判決は「国際法に照らしてあり得ない判断」
であり、「毅然として対応していく」と答弁し、日本国内のマスコミの多
くも同様の論調を流した。
　ここで注意しなければならないことが、2つある。
　1つは、安部首相が「国際法」という言葉を使い、損害賠償に関するな
にか普遍的な国際世界の理解があり、韓国がそれに反しているかの印象
をふりまいているが、安部首相の言う「国際法」とは上の日韓請求権協
定を指しているにすぎない。二国間の条約は状況の変化によって、変わ

るのが当然である。たとえば、もともと不法な「韓国併合に関する条約」がいつまでも有効なら、朝鮮はいつまでも植民地となってしまう。独裁国家が民主国家に変わったとき、新しい国家は独裁国家が締結した条約に縛られることはない。

逆に、この問題を現在の国際人権法の水準からみれば、二国間条約によって被害者の人権が奪われて良いのかということが問われる。

2つめの問題は、安部首相が「完全かつ最終的に解決している」とした問題である。

戦争や植民地支配の終了にともなって、人や財産の帰属の問題が生じる。よその国に出かけていって支配していた人たちは帰らなければならない。そのとき、置いていく財産がある。一方でまた、国家としては戦争や植民地支配に対する賠償もしなければならない。第2次世界戦争後、日本国は戦勝国に対する請求権を放棄したサンフランシスコ講和条約を締結し、その後、個別に損害賠償を行なってきた。韓国はサンフランシスコ講和条約に参加していなかったので、日本国政府は1951年から交渉を始め、1965年に日韓基本条約を締結した。日韓交渉が14年も続いたのは、日本側代表の差別意識が最大の理由であった。しかし、冷戦構造の東アジアの中で早く日本と韓国とを結びつけたいというアメリカ合州国の力の下、日本からの経済援助によって朝鮮との対抗の中で優位に立ちたいという朴正熙軍事独裁政権は、対日債権について、日本が「独立祝賀金」と「発展途上国支援」として無償3億ドル、有償2億ドル、民間借款3億ドルの供与及び融資を行なうことですませてしまった。有償、借款というのは、この後韓国が利子を付けて返すことになる。無償援助も日本企業による物資の提供で経済基盤整備にしか役立たない。結局、日本に対して債権を有する個々人にはほとんど支給されなかった。

この「請求権の放棄」について、日本国政府は一貫して「条約上は、国の請求権、国自身が持っている請求権を放棄した。そして個人については、その国民については国の権利として持っている外交保護権を放棄した。したがって、この条約上は個人の請求権を直接消滅させたものではないということでございます」と主張してきた。日韓条約で消滅したのは韓国政府の日本国政府に対する請求権で、個人請求権は消滅していないということである。これは、シベリヤ被抑留日本人問題に対する日本国

政府の立場と関係している。抑留された人の日本国政府に対する補償要求について、日本国政府はこういう。日本国政府は日ソ共同宣言によって政府間の補償要求はできない。外交的に日本国政府がソ連政府に補償要求できないが、日本人個人のソ連政府に対する請求権は消滅していない。どうぞ個人としてソ連政府に補償要求をしてください、ということである。その他のサンフランシスコ講和条約で請求権を放棄した国々に対しても同様である。「日本人のソ連政府に対する請求権は消滅していないが、韓国人個人の日本国政府に対する請求権は消滅している」では、論理的整合性が保たれないので、柳井条約局長の一連の発言が出てきた。

　日本の裁判所もその考え方を取っている。中国人強制連行の西松建設最高裁判決は1972年の日中共同宣言で「中華人民共和国政府は、中日両国国民の友好のために，日本国に対する戦争賠償の請求を放棄することを宣言する」としているから、中国は外交保護権を失ったけれども「中国国民が請求権を放棄することは明記されておらず、中華人民共和国政府が放棄するとしたのは『戦争賠償の放棄』にとどま」り、「請求権の『放棄』とは、請求権を実体的に消滅させることまでを意味するものではなく、当該請求権に基づいて裁判上訴求する権能を失わせるにとどまるものと解するのが相当である。したがって、サンフランシスコ平和条約の枠組みによって、戦争の遂行中に生じたすべての請求権の放棄が行われても、個別具体的な請求権について、その内容等にかんがみ、債務者側において任意の自発的な対応をすることは妨げられないものというべき」としている。つまり、労働者の債権は債務者が債務を履行しない限り消滅しないが、条約上、裁判に訴えることはできない、として請求そのものは棄却し、裁判はできないが、債務不履行の企業が債務を履行する、つまり、被害労働者に賠償するまで被害労働者の債権は消滅しないのだから、自主的に支払って清算することを勧告し、西松建設はそれを受け入れて財団を作って支払いをして清算・和解した。

　朝鮮人労働者を奴隷扱いにした会社は、一円の金も出しておらず、1965年の日韓基本条約でも一番の被害者の徴用工の人たちには何の補償も行なわれていないのであるから、今回の判決はきわめて当然なものである。

　さて、この大審院判決についての日本国政府の姿勢、マスコミの姿勢は何に起因しているのだろうか。安倍政権は相変わらず、「対朝鮮独自制

裁」なるものを振りかざして、朝鮮半島に平和が来ない方が良いという姿勢をとっているが、朝鮮半島をめぐる世界の趨勢は平和に向かって動き出している。日本国も早晩、朝日の交渉に踏み切らざるをえない。そのときに、1965年の日韓条約がそうであったように、日本国の植民地支配責任を認めず、被害者個人への賠償を拒否することをしようとしている。

　日本に外国人労働力をさらに入れようとして、入管法が改正された。『東京新聞』2018年11月24日の「時事川柳」に「平成の徴用三十四万人」という句があった。過去の正しい清算がなされないままの外国人労働力導入は、外国人を再び人間ではなく、「労働力」、すなわち奴隷として使い捨てるものであろう。日本国の正しい植民地清算がなされなければならない。

　今こそ、「アジアとの交流を深め、アジアから信を得ることのできる学術的研究をすすめる」植民地教育史研究が必要である。

I. シンポジウム

シンポジウム

日中戦争と
植民地教育の展開
（2018 年 3 月 31 日）

シンポジウムの趣旨について

　2017 年は、日中戦争勃発から 80 周年の年であった。80 年を一区切りにして、植民地教育の展開に関する日中戦争との関連を問う企画を考えた。

　日中戦争の勃発は、朝鮮や台湾の植民地教育にどのような影響を及ぼしたのか、それを画期に、植民地教育はいかなる展開に進んでいったのか、その点の究明を行うことをねらいにした。

　台湾は、藤森智子氏に、日中戦争期における社会教育の展開を、特に、国防献金運動を中心に話してもらった。朝鮮は、佐野通夫氏に、第 3 次朝鮮教育令（1938 年）の公布と、とくに天皇写真の配布（いわゆる御真影）に関する実態を報告してもらった。ともに、日中戦争が及ぼす台湾植民地教育政策と朝鮮植民地教育政策の事実が明らかになって、興味深かった。

　台湾では、戦争に協力するために、国防献金運動が社会教育の分野ではじまったことが論じられた。なるほど、台湾では、中国（人）との戦争に対して、台湾人をこのようにして戦争に協力するよう動員を働きかけたのか，という実態が分かってきた。

　朝鮮では、教育勅語の下賜は、もっと早くから行われていたが、天皇写真（御真影）はおそく、日中戦争後の 1938 年から各学校へ配布がはじまったという事実であった。なぜ、写真配布は遅れたのか。これもまた、深く考えて見たい事実であった。

　日本の戦争の歴史は日本の植民地教育のはじまりの歴史であった。戦争と植民地支配は密接な関連を常に有している。この問題は今後も、意識的に深められていかなければならないだろう。

日本植民地教育史研究会運営委員会

日中戦争期台湾の社会教育
——国防献金運動の報道を例に——

藤森智子*

1　はじめに

　1895年の台湾領有以来、「同化政策」を標榜する台湾総督府は、学校教育を中心に台湾人の同化を推進しようと試みた。しかし、義務教育が施行されない中、公学校の就学率は低迷し、日本語普及とそれに伴う国民精神の涵養という総督府の目標を遂行するためには、社会教育の普及に依らざるをえなかった。このような状況下、1914,15年頃から、台湾の各地でエリート階級によって社会運動の一環として「国語夜学会」「国語練習会」等の名称の社会教育施設が設置され、日本語が教えられるようになった。こうした趨勢を受けて1930年になると、総督府によって「国語講習所」が設置され、公学校に通わない多くの台湾人に日本語をはじめとした教育が施された[1]。

　日本統治下台湾の教育は、学校教育とこの社会教育との双方で推進されたが、1937年、日中戦争が勃発した後は、社会教育においても戦時教育が行われるようになった。本稿では、国防献金運動をその一例として、日中戦争期に実施された社会教育を検討する。

2　戦時協力体制と教育動員

2－1　戦時協力体制の諸相

　1937年、日中戦争が勃発すると、植民地の民衆を総動員するために

＊田園調布学園大学

　従前の「同化政策」がさらに強化された「皇民化政策」が遂行された。「内地」においては、1937 年、第一次近衛内閣により国民の総力結集を促すために「国民精神総動員運動」が展開された。台湾では同年、総督が再び武官となり、小林躋造総督の下に皇民化、工業化、南進基地化の統治三大方針が打ち出された。戦時協力体制が敷かれ、戦時総動員の下で台湾においても戦時協力のための様々な運動が展開された。

　日中戦争が勃発すると、政府で実施計画された国民精神総動員運動に呼応して、台湾でも国民教化運動及び時局に関する宣伝方策を徹底させるため、国民精神総動員実施要項及び本部規定が付議決定され、9 月 24 日に本部参与会を開催して、台湾における具体的実施事項が協議決定された[2]。その内容は地方に周知され、各地方の実情に即する方策を樹立させ、中央と地方の緊密な連携の下に国民精神総動員運動の全面的透徹が期された[3]。1938 年度に報告された国民精神総動員本部において実施された事項は主に次のとおりである。1 官民協議会、2 講演会、3 講習会、4 資料刊行、5 時局歌謡レコードの作製、6 映画の巡回映写並びに製作、7 国民精神総動員強調週間[4]。

　各州庁では総督府のこうした運動に呼応して具体的な方策が実施された。台北市を例に挙げると、「国民精神総動員運動目標」として五つの目標が挙げられ、それぞれの運動目標の具体的な実践細目が示されている。

　〈表 1 〉に示されるとおり、台北市役所『台北市社会教育概況』昭和13 年度によると、国民精神総動員運動の目標は大きく 5 つが設定され、それぞれに具体的な目標が複数付され、それに対応する実践細目が示されている。国民精神総動員運動の大目標は、「尽忠報国精神の発揚」、「皇国化の徹底」、「社会風潮の一新」、「銃後守護の完璧」、「非常時経済政策への協力」の五つとされている。それぞれの大目標には具体的な目標が複数個挙げられているが、本稿で扱う「国防献金」は、「銃後守護の完璧」に属する。

　「銃後守護の完璧」の具体的な目標は、「出動将士への感謝及銃後後援の普及徹底」、「納税報国」、「保安」、「衛生」の四つが挙げられる。いずれも直接戦線には参加していないが、戦時体制を支える国民の後方支援

〈表1〉　国民の精神総動員運動目標及び実践細目

運動目標	実践細目
一、尽忠報国精神の発揚	
1.敬神観念の普及徹底	イ、日本に於ける神の意義の徹底…講演会 ロ、神社参拝（定例、随時） ハ、武運長久祈願神社参拝 ニ、神宮遥拝行事 ホ、大麻の全戸奉斉 ヘ、神棚の全戸設置 ト、神輿行事の厳粛 チ、神前結婚宮詣等の奨励 リ、新年初詣の奨励 ヌ、神社清掃奉仕 ル、神祭及神社参拝の作法教授 ヲ、神中心の生活樹立
2.尊皇信念の確立 　国体観念の明徴 　皇室尊崇	イ、宮城遥拝行事 ロ、事ある毎に皇室に関する講話を加へ 　国体観念の明徴皇室尊崇の念を高む ハ、皇室に関する講話を聴く時の態度を 　つくること ニ、新聞雑誌等にある皇室に対する記事 　及び御影等を大切に取扱ふこと ホ、御遺跡地の清掃奉仕
3.愛国奉公心の生活化 　滅私奉公の具現 　愛国的生活の馴致	イ、国旗の全戸備付 ロ、国旗の保全を大切にすること ハ、国旗の尊厳を保持しこれが掲揚に関し 　注意を怠らざること ニ、国家的諸行事には努めて参加すること ホ、公的諸集会には努めて参加すること ヘ、自己の職場に於ける活動の意義を国家 　的に考察し活動の態度を改むること
二、皇民化ノ徹底	
1.国語の普及徹底	イ、国語普及基本調査の実施 ロ、国語講習所の増設 　可成各区にこれを置くこと ハ、家庭に於ける国語普及施設を 　計画すること ニ、国語模範区の建設
2.国語の常用督励	イ、公用語の絶対国語化 ロ、社会用語の国語化促進 ハ、国語家庭の認定
3.皇国民態度の訓練	イ、国民行事の励行 ロ、国民作法訓練の実施 ハ、支那劇、講古、歌仔戯、布袋戯等の 　排撃改善
4.皇国民たるの生活実践	イ、国旗尊重 ロ、君が代奉唱の訓練 ハ、正廰改善 ニ、婦人の上海服廃止 ホ、本当服装の改善 ヘ、内地式の命名 ト、旧暦廃止新暦実施、門松の実行

運動目標	実践細目
三、社会風潮ノ一新	
1.時局の適切なる認識	イ、講演会の開催 ロ、新聞の講読、ラヂオの聴取、 　　ニュース映画の公開
2.国民的志気の振作	イ、国家的の参加励行（ママ）
3.堅忍持久の精神の涵養 　不動の精神鍛錬 　必勝の信念の堅持 　困苦欠乏に耐ふる心身鍛錬	イ、武道の奨励 ロ、体育の奨励 ハ、諸科の訓練会、鍛錬会の実施 ニ、職業報国、職業能力の充実
4.生活の刷新簡易化	イ、訪問時刻の設定 ロ、面会時間の設定 ハ、家庭に於ける時間生活の励行 ニ、予算生活の励行 ホ、現金売買の励行 ヘ、余剰労力の利用
5.公共奉仕の精神振作 　自利我慾の一擲	イ、奉仕作業には喜んで参加すること
6.弊風陋習の一掃	イ、裸足の禁止 ロ、冠婚葬儀の改善 ハ、迷信及陋習の打破
四、銃後守護ノ完璧	
1.出動将士への感謝及銃後後援の普及徹底	イ、応召軍人の見送 ロ、出征軍人の見送 ハ、出征軍人及特勤務者への慰問袋贈呈 ニ、同家族の慰問、家事幇助 ホ、殉国勇士の慰霊 ヘ、同遺族の慰問、家事幇助 ト、国防献金 チ、出征家族中貧困者の救済
2.納税報国	イ、納税義務観念の普及徹底 ロ、租税の納期内完納 ハ、納税貯金組合の組織
3.保安	イ、流言蜚語の艾除 ロ、外諜防止 ハ、防空訓練の実施 ニ、諭告、警告、其他告知事項の周知徹底 ホ、火気の使用に注意すること
4.衛生	イ、伝染病地方病の防遏 ロ、予防注射の励行 ハ、咳唾等をむやみに吐き散さぬこと ニ、汚物を下水に流さぬこと ホ、映画又は講演に依り公衆衛生思想の普及をなすこと ヘ、便所を各戸に設置

運動目標	実践細目
五、非常時経済政策ヘノ協力	
1.国際収支の改善	イ、国産品使用の励行 ロ、輸入品使用の抑制 　　鉄、ガソリン、毛糸、毛織物等 ハ、手織物又ハ止むを得ざる限り之を 　　使用又は新調せざること ニ、廃品の蒐集利用 　　毛織物、錫箔、鉄屑、 　　アルミニューム等 ホ、国産代用品の使用
2.　　労資協力 　3.　　利益龍断の抑制と暴利抑制 　4.　　国債応募の勧奨 　5.　　金融機関の協力 　6.　　特殊資源の培養開発	イ、発明創造の奨励 ロ、特殊資源の蓄積 ハ、特殊資源の消費節約及回収 ニ、国防資源の献納

出典：台北市役所『台北市社会教育概況』昭和 13 年度、1939 年 8 月 15 日、87-93 頁。

であり、「銃後の守り」として国民に周知徹底された。この中で、「国防献金」は「出動将士への感謝及銃後後援の普及徹底」の実践細目のひとつとされた。この実践細目には他に、出征軍人の見送りや慰問袋の贈呈、出征軍人や戦死者家族の慰問や家事幇助等が含まれている。

　日中戦争が勃発すると、台湾人の戦時体制への動員を促す主張が新聞雑誌などのメディアを通じて盛んになされた。例えば、『台湾時報』では日中戦争が「東洋の平和」の大義の下に勃発した「聖戦」であることが説かれ、皇軍聖戦の目的は蒋介石政権の否認、軍閥の打倒及び中国共産党の剿滅にあること、戦争は皇軍の勝利で進んでいるが長期戦が予定されるため、台湾島民の即応協力する覚悟と準備が説かれている[5]。そして、国民精神総動員運動と並んで物的資源の保育が必要不可欠とされ、消費節約の履行、防空精神の育成等の他に、軍事補助運動あるいは献金報国運動に奉仕すること、納税精神の昂揚に努めること、貯蓄及び国債の応募に専念すること、機密を保護し防諜に努めること等が銃後の国民の責務であり、本島民の責務であるとされている[6]。すなわち、台湾人に対して、物心両面において戦時体制に協力することが強く要求され、「聖戦に参加する一員」であることが念押しされたのである[7]。

　このように物心ともに戦争に協力する体制が敷かれる中で、「国防献金」は銃後の守りの実践の一つとして位置づけられ、国防献金運動が大々的に展開された。

2－2　教育における動員

　日中戦争が勃発すると戦時体制が敷かれ、教育も総力戦に組み込まれていった。戦時下では日本内地においても学徒動員、戦争末期に至っては学徒兵といった動員が行われたが、台湾においても様々な動員が行われた。例えば、学校教育でも社会教育でも行われたのが、教科書内容の再編である。台湾総督府編纂の『公学校用国語読本』は、日中戦争が勃発した 1937 年に第四期が、太平洋戦争が勃発した後の 1942 年に第五期が出版された。これら戦時期の国語読本の内容は、戦時の色彩が濃厚であり、総力戦体制下の精神動員及び皇国意識を強化するといった特徴が挙げられる[8]。国語講習所用の教本である『新国語教本』も、日中戦争勃発後の 1939 年に改訂版が出版された。皇民化政策に合わせた教材が大幅に選択され、巻一の巻頭より皇大神宮、宮城、日の丸といった国体観念に関連する挿絵が配置された[9]。また、従前の 1933 年出版の教本と比べると、1939 年版は、芝居や台湾民間信仰の廟やその祭りといった台湾固有の内容が扱われなくなったこと、挿し絵の登場人物の服装が台湾服から国民服やセーラー服・洋装へと変化したこと、人物名の「陳阿水」「阿花」等が「陳茂」「花子」等に変更されたことや戦時に関する教材が採用されていること等が挙げられる[10]。

　教育の現場においても、より直接的に戦時体制に協力する動員が行われた。当時の新聞・雑誌には、全島の学校関係者による陸海軍への軍用機の献納が行われたことが取り上げられている。総督府文教局では「全島学校職員、学生生徒児童一団となり、国民精神を発揚し国防観念を強調し、尽忠報国の赤誠を顕現する為」、帝国海軍に対し最新式優秀爆撃機「報国台湾学校号」一機を献納するとされている[11]。陸軍への献納、航空部への献納機も製作中であるところに続いて海軍への献納が行われたという[12]。台湾全島の学校職員・学生生徒児童が陸海軍にそれぞれ軍用機を献納したという内容であるが、このような大きな献納から、教職員や生徒個人のレベルにおける勤労奉仕や慰問袋、千羽鶴の作成等々、多様な戦時動員が行われた。次節で扱う国防献金は、こうした教育動員の一つである。

3　社会教育における国防献金運動

3－1　台湾社会における国防献金運動

　日中戦争が勃発すると、社会の全ての領域の人々が国防献金運動に組み込まれ、様々な団体や人々による国防献金が行われた。これらの運動は新聞雑誌を通じて大々的に報道・宣伝された。多様な国防献金運動は、日中戦争勃発以降、連日のように取り上げられ、様々な職種に従事する人々の献金が報道された。例えば、彰化市内唯一の内地人経営の彰化タクシーは7月17日の開業初日の収益金56円70銭の全部を国防献金したと報道されている[13]。本島人の献金は、台湾糖業連合会が2万円を国防献金として拠出したと報道されている[14]。本島人のみならず、「支那人」の献金も挙げられている。基隆港「支那人」の靴屋7名が各自拠金して25円60銭を基隆憲兵分隊を通じて献金したと報道されている[15]。匿名の献金も挙げられ、インテリ女性と覚しき筆跡で初めて働いて得たお金を国防献金する旨の手紙と5円為替が台北憲兵分隊に届けられたことが報じられている[16]。さらには、刑務所でも国防献金が行われた。台南刑務所では山田所長が服役者一同を教誨所に集め時局に関する講話を行った結果、約60名が献金を申し出て、その中には「事変の終了するまで今後毎月一円の献金方を願ひ出たものもあり」、所長はじめ所員が大変感激し、その「熱誠の発露は日と共に濃化し行く状態でやがては全収容者に及ぶもの」と見られている[17]、といった報道がなされている。このように職種や「内地人」、「本島人」、「支那人」にかかわらず、さらには刑務所内に至るまで、台湾社会の隅々にまで国防献金運動が浸透したことが報道から分かる。

　少数民族である「高砂族」の献金も挙げられる。宜蘭蘇澳郡では「山間僻地に在住する蕃人」の国防献金が報じられている。「蘇澳郡蕃地東澳部落」における58戸総勢が、「支那軍の暴戻鬼畜に等しい吾が邦人虐殺」の報道に接して、「これには黙って居られないと一致協力して」最高13円から最低3円までの「蕃人達としては実に多額の金を一人残らず拠出し合い」、合計350円を蘇澳郡警察課に提出したという。「この金で立派な銃器を買って暴戻な支那軍をこらしめてください」と2名の頭

目が全部落を代表して国防献金をしたという[18]。この他にも、新竹州の大渓郡下の「高砂族」が三社共同して国防献金として 213 円を郡警察課に提出したという報道や、大渓郡の「蕃地」において「北支及上海に出征する我が武勇なる皇軍の勇躍に感激し」、ラハウ社代表者頭目の 660 円 50 銭をはじめとして合計 5 社からの献金の報道が行われている[19]。

　また、節約をして献金をするという逸話も挙げられる。例えば、新竹州苗栗郡の高齢で死去した黄氏の遺族は葬儀費を節約して 500 円を献金したと報じられたり[20]、新竹市内の橋本姓の主婦が市場で買い物する金を節約して 10 円を国防献金として『台湾日日新報』本社支局に持参したという「国家非常時が家庭の台所を預かる主婦の心にまで食い込んでいる」様子[21]が報じられたりしている。この他にも、夏の時節柄、萬華では盆祭りを止めて 200 円を[22]、基隆では運送店苦力一同が中止になった盆祭りの祭典費用 150 円をそれぞれ国防献金したこと[23]が報じられている。

　こうした献金の集計金額も、時折報道された。1937 年 7 月 31 日には、陸軍省に既に 250 万円を突破する献金が寄せられていることが報じられている。この中には台湾花蓮港鳳林の豪家饒氏の国防献金 1 万円の提出があったことが報じられている。饒氏は「領台以来の皇恩の厚きに感激し、日本人の一人としてぜひ献金したいと切々の手紙を附し、児玉元拓相を通じて」国防献金 1 万円を含む 1 万 600 円の寄付を寄せたとされている[24]。台湾島民の国防献金は、日中戦争勃発以降急増し、7 月末までに 11 万 1256 円 40 銭となり、10 万円を突破し[25]、8 月 17 日までには台湾軍司令部に寄託された国防献金の総額は 30 万円を超えた[26]。

　その一方、献金運動に積極的でなかった者の実名も報道された。花蓮港平野区のある豪農は、富裕者であるにもかかわらず申し訳程度の献金しかせず、その後献金勧告を恐れて自己の印判を所持して行方をくらまし、橋梁の下や畑の番人小屋等に野宿して歩いているとして本島人有識者や地域住民から非国民的行為として憤激をかっているという[27]。類似の報道は他にもあり、国防献金が社会的に強制に近い風潮の下に展開されていたことが窺える。

　国防献金額を各団体が決め、それに合わせて集金されていたことも報道から窺われる。例えば、『台湾日日新報』1937 年 7 月 25 日では、高

雄州下の産業組合にて全島に魁けて1万円を国防献金することが決議され、募集を開始すること[28]や、同年7月30日には、台中州下の産業組合も5万円の国防献金を決議したこと[29]が報道されている。高雄州下産業組合の献金は、8月4日には予定の1万円を突破する1万2062円に達したとされ、高雄州下の各市・郡の拠出額が掲載されている[30]。台南州下の産業組合も、5月の通常総会において1937年度の剰余金の百分の二総額の1万6000円を国防献金として拠出する予定であったが、「更に刻下の非常時に当り」、これとは別個に1936年度中の剰余金から百分の四を拠出献金することになり、総額3万2000余円に上る献金がある予定であると報道されている[31]。

　このような団体以外にも、各地域の献金も目標額が定められ、それに合わせて各戸や個人が最低限いくらかの献金を行っていた。基隆郡瑞芳庄金爪石及び九分の両鉱山地帯では1万円を目指して国防献金運動を開始し、金爪石は最低50銭、九分は最低1円とし、合計9320円が代表黄氏を通じて郡警察課を経て憲兵分隊に提出されたと報道されている[32]。

　戦争勃発当時、兵役義務のない台湾人が「銃後の守り」として献金を決議したという例もある。新竹州会議員と市会議員数名が「時局重大の折柄我等本島人には兵役の義務を負担してをらず何らか方法を以て国家に対する赤誠を披瀝したい」と、市内の本島人から1万円拠出して国防献金とすることに決定し、募集に着手することになったと報じられている[33]。

　こうした献金の用途も時折報道された。『台湾教育』では、「帝国南方の生命線確保の任に在る海軍の重大性は、一般に認識の度を深め、海軍武官室を通じての国防献金は9月11日現在で646件、合計27万93円66銭に達した」とされ、「そのうち全台湾教育会関係の拠出に係る15万円を以て海軍当局では優秀なる海軍攻撃機製作に決定して居り、又台湾銀行よりの5万円及其他の献金合計額を以て夫々適当なる海軍機を製作すべく計画を進めて」おり、「本島在住の官民の赤心の結晶たるこれ等海軍機が完成した暁には、本島警備の大任に参加し、南方の守りは一層の固きを加へるだらう[34]。」として、台湾教育会関係から拠出した15万円で海軍攻撃機を製作することが決定していること、台湾官民の赤誠が南方の守りを強固にするであろうとされている。

　なお、国防献金は憲兵隊で、慰問袋は市、尹、郡守で、慰問金は『台湾日日新報』本社で取り扱うと報道されており、これらの手続が一般市民に了解されておらず、何でも憲兵隊へ持っていけばいいと考え電話紹介や物品の持ち込みがあり係員が汗だくになっていると報じられている[35]。戦時動員体制運動の実践細目が多岐にわたり、市民に手続が周知されていない様子が窺える。

　このように、新聞・雑誌を通じて開戦直後の台湾では、「内地人」「本島人」「蕃人」を問わず熱心な献金運動が盛んに展開される様子が報じられている。大人も子どもも民族的少数派も、貧富の差を問わず、社会のほぼ全員が献金の名の下に金銭を拠出していることが報道から見て取れる。日中戦争勃発当時、兵役の義務のなかった台湾人には一層の「銃後の守り」としての国防献金が強く求められたことが窺える。そして相応と思われる献金をしない者に対しては社会的非難がなされている。総じて、日中戦争勃発直後の新聞・雑誌の報道からは、台湾において大々的に、社会の隅々にまで国防献金運動が展開される様子やその献金額が多額に上る様子が伝えられており、社会の構成員全員が献金に熱心に取り組む様子を報じることによって、あるべき「銃後の守り」の風潮が作られていることが指摘できよう。

3－2　公学校・小学校と国防献金運動

　この時期、公学校や小学校の教職員や児童も盛んに国防献金運動に従事した。小学校児童の献金運動としては、樺山小学校児童一同が、訪台した東久邇宮殿下が航空軍機の発展に留意しているということを拝聞して感激し、祖国のためにと銀紙を集めて得た代金23円を憲兵隊に持参し国防献金として願い出た[36]といった報道をはじめ、嘉義市旭小学校の児童たちが国防献金のために空き瓶を集めている姿が写真で報道される[37]など、全島の学校で組織的に献金が行われている様子が伝えられている。また、新竹州では州下の小公学校児童も参加して学校職員生徒の教育報国として「銃後の赤誠を尽くすべく一万円の国防献金」を行うこととなり、その後各市郡別に募集したところ、1937年9月16日を以て全部完了し州教育課で取りまとめ、近日中に国防献金として手続を取ることになったとされている[38]。小公学校を含む新竹州の「教育報国」

として国防献金1万円という額が定められ献金運動が実行され、その目標額が達成されたことが明らかにされているのである。

　また、児童個人の運動も報道された。瑞芳小学校児童4名が付近の山から榊を取り、各戸を訪問して榊を売って集めた現金6円93銭を庄役場に提出した[39]とするものや、台北市寿小学校2年生の女児と龍山公学校3年生の女児の2人が幼女団と銘打ったはちまきを巻いて、一銭慰問金募集というたすきを掛け、西門市場の前に立って慰問金を募集し得た現金を台湾日日新報本社に持参したという写真入りの記事[40]など、多数が伝えられた。

　この他に、教員たちも積極的に献金している様子が伝えられた。花蓮港では、第三大隊において軍事講習会を受けた本島人およびアミ族出身の公学校教員22名が、わずか6日間の軍隊生活ではあったが軍人精神を鼓吹されて今更ながら軍隊の威力と日本精神の崇高さに感激し日本国民としての義務を痛感して、全員申し合わせて25円を拠出し国防献金した[41]とされている。

　小学校・公学校児童や教職員が、学校組織を利用したものから児童個人や数名の連名といったものまで様々な方法で献金運動を展開している様子が報じられており、総じて、小学校・公学校の献金運動が盛んであり、また自発的に行われている様子が報道されている。

3-3　社会教育における国防献金運動

　日本統治下の社会教育は、多くの台湾民衆が学校に通わない中、民衆教化の上で大きな役割を果たした。戦時期にあっては、その重要性はさらに増した。社会教化団体には、青年学校、青年会、処女会、主婦会等々多数あるが、その一例として青年期の民衆が関わった社会教育団体である青年団、そして最も大々的に展開された社会教育施設である国語講習所の国防献金の例を挙げる。

　日中戦争勃発から間もない1937年8月、時局の意識を強化するため、新竹州では社会教育機関を完備し一般地方民に非常時局に対処する決意を固めさせ一層至誠奉公、銃後の守りを徹底すべく、州下の各郡部落振興会、町会、男女青年団その他各種強化団体に対して施行事項を指導することになった[42]と報道されている。施行事項は全部で五つあり、各

部落に講習会を開設し時局意識を強化する、市街庄に情報施設としてラジオ・新聞を備え付ける、生活改善指導により冗長を節約せしめ国防献金皇軍慰問袋の寄贈、派遣軍慰問等を奨励する、国防指導の普及及び国防献金の徹底、国威宣揚・皇軍健勝祈願の実行などが挙げられている[43]。新竹州の社会教育において指導する五項目が具体的に提示され、そのうち二項目を国防献金が占めており、一般市民を対象とした社会教育機関において国防献金が重視されていたことが分かる。

　こうした中、青年団の戦時動員運動は盛んに報道された。『新竹州時報』では、新竹州連合青年団の時局に対する決議が掲載されている。国家総動員法の趣旨に則り、青年団の「銃後の守り」として、次の事項を実行するとされている。

　　一　国の拡大強化を図り青年団の使命遂行に一意邁進せんとす。
　　二　時局に対する正しき認識の把握に努むると共に時局に関し一致民衆の指導に最善を尽し精神動員の徹底を期す。
　　三　勤労作業冗費節約に依り国防献金、慰問袋の寄贈をなし銃後国民としての赤誠を披瀝す。
　　四　派遣応召軍人、軍役応召者遺家族の慰問、労力奉仕等に依り出征者をして後顧の憂なからしむ様尽力す[44]。

これら四つの事項の中には、銃後の国民の赤誠として国防献金と慰問袋の寄贈が挙げられており、国防献金が青年団活動の重要事項の一つとされていることが明らかである。また、実際に青年団の献金額も報道されている。新竹州下では1938年の11月1日より末日にかけて満20歳までの公学校卒業生を総動員して非常時訓練を実施した結果、事変勃発までわずか3000名に達しなかった団員が一躍3万5000名に拡大され、その奉仕作業により得た1009円を国防献金として献納したという[45]。国防献金が青年団の重要な活動の一つと位置づけられ、組織された青年団から多額の国防献金がなされたことが明らかにされている。

　同様のことは国語講習所においても行われた。国語講習所生徒の国防献金も盛んに報道されている。例えば、竹東群竹東街上公館国語講習所生一同は、早朝より2名の講師と街書記の引率の下に月桃を採取してこれを売却して得た金10円を国防献金とするべく吉田街長に提出し手続を行ったという[46]。この他にも、竹南郡後龍庄公司寮国語講習所では専

任講師の指導によって同講習生 58 名の自発的勤労奉仕の下、兵士の奉送迎や旗行列に使用する日の丸の小旗を製作して一般市民に売却し、その利益金 36 円 47 銭をそれぞれ、国防献金 14 円 47 銭、出征将士遺家族慰問金 10 円、慰問袋 10 個 12 円の割合で全て献金したという[47]。国語講習所においても、講師らの指導の下に勤労奉仕活動を行い、その報酬をもって少なからぬ国防献金が行われたことが報道からみてとれる。

　総じて、戦時期には国防献金が青年団の重要な活動の一つと位置づけられ、組織された青年団から多額の国防献金がなされたこと、国語講習所といった社会教育施設においても、講師らの指導の下、勤労奉仕により得た利益金によって少なからぬ国防献金が行われたことが明らかにされた。

4　おわりに

　日中戦争下、台湾においても国民精神総動員運動が展開された。台北市を例に挙げると、国民精神総動員運動の大目標は、「尽忠報国精神の発揚」、「皇国化の徹底」、「社会風潮の一新」、「銃後守護の完璧」、「非常時経済政策への協力」の五つが設定された。それぞれの大目標には具体的な目標が複数個挙げられているが、「国防献金」は、「銃後守護の完璧」に属し、「出動将士への感謝及銃後後援の普及徹底」の実践細目の一つとされ、官民を挙げて積極的に推進された。

　教育の現場においても、より直接的に戦時体制に協力する動員が行われた。台湾全島の学校職員・学生生徒児童が陸海軍にそれぞれ軍用機を献納するという大規模な動員から、教職員や生徒個人のレベルにおける勤労奉仕や慰問袋、千羽鶴の作成等々まで、多様な戦時動員が行われた。国防献金は、こうした教育動員の一つであった。

　日中戦争勃発直後の新聞・雑誌の報道からは、台湾において大々的に、社会の隅々にまで国防献金運動が展開される様子やその献金額が巨額に上る様子が伝えられており、社会の構成員全員が献金に熱心に取り組む様子を報じることによって、あるべき「銃後の守り」の風潮が作られていることが指摘できよう。小学校・公学校児童や教職員も、学校組織を

利用したものから児童個人や数名の連名といったものまで、様々な方法で献金運動を展開している様子が報じられており、総じて、小学校・公学校の献金運動が盛んであり、また自発的に行われている様子が報道されている。社会教育においても、戦時期には国防献金が青年団の重要な活動の一つと位置づけられ、組織された青年団から多額の国防献金がなされたこと、国語講習所といった社会教育施設においても、講師らの指導の下、勤労奉仕により得た利益金によって少なからぬ国防献金が行われたことが明らかにされた。

　以上のように、日中戦争期台湾で教育の動員の一つとして展開された国防献金運動は当局によって重視され、社会の隅々にまで浸透し展開された。大人も子どもも民族的少数派も、貧富の差を問わず、社会のほぼ全員が献金の名の下に金銭を拠出していることが報道から明らかになり、戦時総動員の一端が明らかにされた。国防献金運動は戦時総動員の一例である。その他の運動をも検討すれば、日中戦争期の社会教育と総動員の実情がより明確になるであろう。

【注】

1　拙著『日本統治下台湾の「国語」普及運動―国語講習所の成立とその影響―』慶應義塾大学出版会、2016 年、27-28 頁。

2　台湾総督府『台湾の社会教育』昭和 13 年度、1938 年 12 月 6 日、54-55 頁。

3　同前。

4　同、55-82 頁。

5　木原圓次「支那事変と台湾島民の覚悟」『台湾時報』1938 年 1 月号、6-8 頁。

6　同、9 頁。

7　同前。

8　許佩賢「戦争時期的国語読本解説」、呉文星等編『日治時期台湾公学校与国民学校国語読本　解説・総目録・索引』南天書局、2003、82 頁。

9　前掲拙著 160-161 頁。

10　同前。

11　「帝国海軍の爆撃機報国台湾学校号を献納」『台湾教育』10 月号　第 423 号、1937 年 10 月 1 日、67 頁。

12　同前。

13　『台湾日日新報』第 13405 号、第 5 版「開業初日の収益金全部を国防献金　彰化タクシーから」1937 年 7 月 19 日、朝刊。

14　同、第 13429 号、第 5 版「糖業連合会から国防献金二万円　きのふ総督府へ送達」1937 年 8 月 12 日、朝刊。

15　同、第 13420 号、第 5 版「支那人靴屋が国防献金」1937 年 8 月 3 日、朝刊。

16 同、第13417号、第11版「"始めて働いて得たお金を国防献金"インテリ女性と覚しき筆跡」1937年7月31日、朝刊。

17 同、第13422号、第5版「獄窓から国防献金　事変終了迄連続献金も申出で　台南刑務所に熱誠漲る」1937年8月5日、朝刊。

18 同、第13424号、第5版「"立派な銃器を購ひ支那軍の膺懲に"蘇澳郡東澳部落の蕃人から　聞くも美はし国防献金」1937年8月7日、朝刊。

19 「支那事変特輯　第二号、見よ灼熱の祖国愛　皇軍の武運長久祈願に献金にいまぞ皇民一致の真姿顕現」「高砂族献金」「大渓郡下の蕃人続々と献金」『新竹州時報』1937年9月号、62-63頁。

20 前掲『台湾日日新報』第13396号、第9版「葬儀費を節し国防献金」1937年7月10日、朝刊。

21 同、第13416号、第5版「生活費を節し国防献金」1937年7年30日、朝刊。

22 同、第13434号、第2版「盆祭りを止めて国防献金を　萬華で続々と実行」1937年8月17日、朝刊。

23 同、第13435号、第2版「盆祭の費用を国防献金　苦力の美挙」1937年8月18日、朝刊。

24 同、第13417号、第11版「銃後赤誠の献金既に二百五十万円！鳳林の氏も一万円提出　陸軍省に愛国の人波続く」、1937年7月31日、朝刊。

25 同、第13418号、第2版「島民の国防献金十万円を突破　北支事変以来急増」1937年8月1日、朝刊。

26 同、13434号、第2版「銃後の赤誠！軍司令部に寄託の国防献金三十万円を突破す」1937年8月17日、朝刊。

27 同、13434号、第5版「国防献金を嫌ひ大豪農・逃げ廻る　橋の下や耕作小屋に野宿し　非国民の譏を受く」1937年8月17日、朝刊。

28 同、第13411号、第5版「高雄州下産業組合から国防献金一万円　産協支会総会の決議により全島に魁け募集開始」1937年7月25日、朝刊。

29 同、第13416号、第5版「台中州下の産業組合から五万円を国防献金　きのふ事務打合会で決る」1937年7月30日、朝刊。

30 同、第13421号、第5版「高雄州下産組から一万二千余円を献金　予定の一万円を突破し」1937年8月4日、朝刊。

31 同、第13423号、第5版「台南州下産組でも国防献金四万円　刻下の超非常時に鑑み」1937年8月6日、朝刊。

32 同、第13428号、第5版「瑞芳庄民から国防献金九千円　日傭坑夫も挙って醵出」1937年8月11日、朝刊。

33 同、第13420号、第5版「新竹市内の本島人から国防献金一万円　近く募集に着手せん」1937年8月3日、朝刊。

34 「海軍への献金二十七万余円　島民赤誠の結晶優秀機を製作」『台湾教育』第423号、1937年10月1日、67-68頁。

35 前掲『台湾日日新報』第13416号、第7版「国防献金は憲兵隊へ慰問袋は市と愛国婦人会慰問金は本社で取扱ふ」1937年7月30日、朝刊。

36 同、第13394号、第7版「銀紙を集めて国防献金　樺山小学校の児童」1937年7月8日、朝刊。

37 同、第13422号、第5版「空瓶奉公」1937年8月5日、朝刊。

38 前掲『新竹州時報』1937年10月号「銃後の斯の熱誠を見よ‼」「州下小公

学校児童の赤誠凝る一万円　愈よ献金の手続を執る」32 頁。

39 前掲『台湾日日新報』第 13428 号、第 5 版「瑞芳庄内に献金美談」1937 年
　　8 月 11 日、朝刊。

40 同、第 13418 号、第 2 版「盛り場に立って慰問金を募集　可愛い女生二人で」
　　1937 年 8 月 1 日、朝刊。

41 同、第 13445 号、第 9 版「日本精神の崇高に感激　連名で国防献金を醸出」
　　1937 年 8 月 28 日、朝刊。

42 同、第 13426 号、第 5 版「時局意識強化に新竹州が対策　社会教育機関を
　　充実し」1937 年 8 月 9 日、朝刊。

43 同前。

44「銃後の斯の熱誠を見よ‼」「時局に対する新竹州連合青年団決議」『新竹州
　　時報』1937 年 10 月号、32-33 頁。

45「勤労収入を国防献金に　州下青年団から州へ」35 頁。

46「国講所生の献金」前掲『新竹州時報』1938 年 10 月号、137 頁。

47「公司寮国講所の美挙」前掲『新竹州時報』1938 年 1 月号、35 頁。

本研究は、2018 年度科学研究費補助金基盤研究（C）課題番号 :18K00721 の研究
成果の一部である。

第3次「朝鮮教育令」と
天皇写真の配付

佐野通夫*

1. この期の植民地教育の展開

この期は、朝鮮の民族的自主性のよりどころとなるべきものすべてが抹殺されようとし、皇民化政策が頂点に達する時期でもある。

1939年には、朝鮮に氏制度を創設する「創氏改名」を公布、40年代には、朝鮮語の紙誌を廃刊させ、はなはだしくは、朝鮮語の研究をしていた朝鮮語学会を解散させ、幹部を逮捕、投獄、獄死させている。

1938年の「陸軍特別志願兵制度」に続き、44年には「徴兵制度」が始まり、朝鮮人が「玉除け」[1]とされていった。その他、多くの朝鮮人が軍要員、軍隊性奴隷等として動員され、日本の戦場で殺されている。一方では、日本国内の労働力不足を補うために、朝鮮人を日本国内にも強制的に連行してきた。1945年には、在日朝鮮人が236万5000人となったともいわれ[2]、これは当時の朝鮮人総人口の一割にのぼる。

日本国内の初等教育より短い年限の普通学校教育であっても、その普及に困難を感じた朝鮮総督府は、1934年には「簡易学校」を開設した。これは10歳で入学し、2年間で日本語と農業を教え込むという、日本が植民地の教育に求めていたものを直截に表現したものであった。この簡易学校制度開設の背景には、1933年5月末現在における普通学校就学率が、推定学齢児童数に対し2割弱しかないという普通学校の収容能力の限界があった。以後、1942年の教育審議委員会決定で1946年からの義務教育制度の実施が宣言される際にも、その義務教育はこの簡易学

*こども教育宝仙大学

校をも含み込んでのものであった。簡易学校の教員としては、日本国内の甲種農業学校の卒業生を、朝鮮内の師範学校に収容し、半年から1年の教育を施したり、逆に普通学校の教員に農林学校の夏期講習会等に参加させたりして備えていた。それでも翌1935年には、「教員の供給が尽き」440校の増設計画が220校にしかならなかったと記されている[3]。

　農業の強調は、普通学校においても一大眼目であった。そして1932年からの「農村振興運動」の中では、普通学校における「卒業生指導」に運動のにない手を作る役割が期待されていた[4]。

　簡易学校は1校1教員であったので、日本人教員を多く配置したいとの総督府の意思があった[5]。朝鮮における日本人小学校の場合には、いかに小規模であっても分校制はとられていない。それはその小規模校には一人前の教員がいるはずであり、その教員は本校長の指導により利益を受ける者では困る。また本校長にとっても出張し監督することは不利益であるとの理由であった[6]。これに対し、「本教育施設は普通学校其他の教育機関とは全然其の体系を異にする」という簡易学校は、既設公立普通学校に附設され、附設学校長の指導監督の下に置かれていた。すなわち日本人校長によって、朝鮮人教員を統制しようとするものであった。

　しかし、この時期、日中戦争に伴い日本人教員の確保は困難であり、またそもそも簡易学校は普通学校の建設困難な地に建てられているという、その性格からして、日本人教員を充当していくことは困難であった。大野謙一「簡易学校の増設方針」には、「教員の供給が尽き」440校の増設計画が220校にしかならず、「教員は将来内鮮半々の割で分布せしめたいが現在の所三分の二が朝鮮人である」と書かれている。実際には、この記事が書かれた1935年の5月末時点で、日本人職員数109人に対して、朝鮮人514人である。日本人職員数は1938年度以降160人台に停まり、以後の簡易学校数の増加は朝鮮人職員数の増加によることになる。1941年時点では、日本人169人に対し、朝鮮人1613人という比率である[7]。異民族支配を行なうための植民地教育制度は、朝鮮人をもって朝鮮人に日本の教育内容を教えさせるということになり、その内部に大きな矛盾をはらんだとも言える。1934年6月の今井田政務総監の道学務課長及視学官会同における訓示に、次の一節が見える[8]。

　　昨秋来数道に亘り初等学校教員又は書堂教師にして共産主義に惑溺し、学校の内外に於て不穏なる運動を試み、純真なる児童の将来を蠱毒して刑辟に触れ、教権の神聖を汚すが如き者を相当多数出しましたことは、誠に遺憾とする所であります。

　1937 年には「皇国臣民の誓詞」[9] が定められ、学校では毎日子どもたちに唱えさせた。また 1939 年には、朝鮮の全児童・生徒・学生に、これを書かせ、それを納めた「皇国臣民誓詞之柱」というものを朝鮮神宮に建てている。

　1938 年には、朝鮮教育令が施行された。これは次のように始まっている。

　　第1条　朝鮮ニ於ケル教育ハ本令ニ依ル
　　第2条　普通教育ハ小学校令、中学校令及高等女学校令ニ依ル但シ此等ノ勅令中文部大臣ノ職務ハ朝鮮総督之ヲ行フ
　　前項ノ場合ニ於テ朝鮮特殊ノ事情ニ依リ特例ヲ設クル必要アルモノニ付テハ朝鮮総督別段ノ定ヲ為スコトヲ得

　学校名称が小学校、中学校、高等女学校に統一され、「教授上の要旨、教科目、教科課程に関しては、朝鮮語以外のものは内鮮人全く同一とな」[10] ったと主張される。そして事実としては朝鮮語はほとんど教えられることがなくなった。では、日本人と朝鮮人は同一の教育機会を与えられたかというとそうではない。4 年制の「小学校」は解消されていない。簡易学校も、もちろん存在している。なお、この簡易学校は朝鮮教育令にはあらわれていない学校教育体系外の施設である。そして、学校の設立主体、経費負担、そして日朝生徒の収容に至るまで、なんら変わるところはなかったのである。学校の設立主体は日本人学校を対象とした第一部特別経済と朝鮮人学校を対象とした第二部特別経済に分けられ、1938 年 5 月末現在の生徒一人当り経常費は、第一部特別経済で 48 円、第二部特別経済で 18 円であった [11]。学校名称の変更に関しても、たと

えば1911年に創立された平壌高等普通学校を平壌第二公立中学校とし、
1916年に創立された平壌中学校を平壌第一公立中学校とするなど、朝鮮
人の感情を逆なでするものが多かった。

　朝鮮における日本の植民地教育政策の目的を象徴的に示すかのように、
この朝鮮教育令の改正は「陸軍特別志願兵制度」と対にして出されてい
る。そしてこの「志願兵制度」は、朝鮮総督府『施政三十年史』におい
ては、教育の項に収められている。この当時の教育の性格を最もよく示
しているものは、「教育令」の公布と共に出された、総督南次郎の論告
である。その中では「国体明徴、内鮮一体、忍苦鍛練」が「三大教育方針」
として強調されている[12]。この「教育方針」に加えて「銃後の守」とし
ての女子の姿の強調などが、各教科教授内容、生徒教養要旨などにあら
われている。

　そして1939年には、創氏改名が定められた。当時、中等学校におい
ては一部に日本人・朝鮮人の共学がなされていたが、創氏改名後は朝鮮
人を明示するため、出席簿に印が付けられていたという。朝鮮総督府内
部においても警務局は日本人と朝鮮人の識別ができなくなるとして反対
していたという[13]。

2．この期の修身教育の展開

　ここでいう「修身教育」とは、教科としての「修身」だけでなく、広
く学校が児童・生徒に天皇制を浸透させるための「祝祭日儀礼」を含ん
だ「修身」教育を意味する。朝鮮教育令の第2条は、「教育ハ教育ニ関
スル勅語ノ旨趣ニ基キ忠良ナル国民ヲ育成スルコトヲ本義トス」という
文言であり、教育勅語を教え込むための「祝祭日儀礼」そして「修身」
は植民地朝鮮における教育の根幹をなすものであった。しかし、この
「教育勅語」は、朝鮮教育令の施行直前の1911年10月24日、明治天皇
から朝鮮総督に下付されている。「教育ニ関スル勅語ノ旨趣ニ基」く教
育を主張する朝鮮教育令の公布自体は、下付より以前の8月24日であ
る。朝鮮教育令の11月1日施行を定めた総督府令が出されたのも、下

付以前の 10 月 20 日であり、その直後、かつ施行の前に下付されたのである。教育勅語謄本の各学校への頒布は朝鮮総督への下付文を添え、朝鮮教育令施行後の 1912 年 1 月 4 日になされた。以後、朝鮮内で「教育勅語」が示されるときには、日本国内で読まれた「教育勅語」の「明治二十三年十月三十日」の後にこの下付文が付き、そして「明治四十四年十月二十四日　御名御璽」で終わるものが、朝鮮内の「教育勅語」であった。朝鮮教育令公布の時点、あるいはその施行日を決める総督府令公布の時点では、別に「下付」という手続きを経なくとも、朝鮮人も大日本帝国の臣民であって、そのままに天皇支配の下にあり、併合以前に発布された「教育勅語」の下にあるかのように「教育勅語」が適用されることを前提に朝鮮教育令が作られながら、さらには「下付」という手続きを行なったのである[14]。同様に日本国内の「祝祭日儀礼」のために早くから配布された天皇写真の配布も、日本国内と同様に配布するわけにいかず、そのため、植民地朝鮮における祝祭日儀礼は、日本人・朝鮮人別個に展開された。以下、植民地朝鮮の学校と天皇制教化の関係を、祝祭日儀礼の展開過程、その中での天皇写真の配付過程、そして修身教科書の内容から検討する。

1　祝祭日儀礼の展開過程

　1947 年までの日本の学校は、三大節、四大節における儀礼と「修身」を主な手段として、子どもたちを教化していた。この儀礼は日本国内では 1891 年 6 月 17 日の「小学校祝日大祭日儀式規程」に始まる。

　　第一條　紀元節、天長節、元始祭、神嘗祭及新嘗祭ノ日ニ於テハ学校長、教員及生徒一同式場ニ参集シテ左ノ儀式ヲ行フヘシ
　　一　学校長教員及生徒
　　　天皇陛下及
　　　皇后陛下ノ　御影ニ対シ奉リ最敬礼ヲ行ヒ且
　　　両陛下ノ万歳ヲ奉祝ス
　　　　但未ダ御影ヲ拝戴セサル学校ニ於テハ本文前段ノ式ヲ省ク
　　二　学校長若クハ教員、教育ニ関スル　勅語ヲ奉読ス
　　三　学校長若クハ教員、恭シク教育ニ関スル勅語ニ基キ聖意ノ在

ル所ヲ誨告シ又ハ歴代天皇ノ盛徳鴻業ヲ叙シ若クハ祝日大祭
日ノ由来ヲ叙スル等其祝日大祭日ニ相応スル演説ヲ為シ忠君
愛国ノ志気ヲ涵養センコトヲ務ム
　四　学校長、教員及生徒、其祝日大祭日ニ相応スル唱歌ヲ合唱ス
第二條　孝明天皇祭、春季皇霊祭、神武天皇祭及秋季皇霊祭ノ日ニ
於テハ学校長、教員及生徒一同式場ニ参集シテ第一條第三款及第四
款ノ儀式ヲ行フヘシ
第三條　一月一日ニ於テハ学校長、教員及生徒一同式場ニ参集シテ
第一條第一款及第四款ノ儀式ヲ行フヘシ
第四條　第一條ニ掲クル祝日大祭日ニ於テハ便宜ニ従ヒ学校長及教
員、生徒ヲ率キテ体操場ニ臨ミ若クハ野外ニ出テ遊戯体操ヲ行フ等
生徒ノ心情ヲシテ快活ナラシメンコトヲ務ムヘシ
第五條　市町村長其他学事ニ関係アル市町村吏員ハ成ルヘク祝日大
祭日ノ儀式ニ列スヘシ
第六條　式場ノ都合ヲ計リ生徒ノ父母親戚及其他市町村住民ヲシテ
祝日大祭日ノ儀式ヲ参観スルコトヲ得セシムヘシ
第七條　祝日大祭日ニ於テ生徒ニ茶菓又ハ教育上ニ裨益アル絵画等
ヲ与フルハ妨ナシ
第八條　祝日大祭日ノ儀式ニ関スル次第等ハ府県知事之ヲ規定スヘシ

　この祝祭日儀礼は、朝鮮の学校の中でどのように具体化されただろうか。
　先に見てきたように朝鮮教育令は、その第2条に「教育ハ教育ニ関ス
ル勅語ノ旨趣ニ基キ忠良ナル国民ヲ育成スルコトヲ本義トス」という文
言を含んでいる。しかし、教育勅語は1911年10月24日、明治天皇か
ら朝鮮総督に下付され、管内の学校には1912年1月4日、次の総督訓
令とともに朝鮮総督への下付文を添えて教育勅語謄本が頒布された（繰
り返すことになるが、朝鮮教育令の施行は11月1日、施行日を定めた
総督府令は10月20日に公布されている）。

　　　謹テ惟フニ我カ
　　天皇陛下夙ニ臣民ノ教育ニ軫念シタマヒ曩ニ教育ニ関スル　勅語ヲ

宣セラレ今又之ヲ朝鮮ニ下シ賜フ是レ帝国教育ノ本義ヲ明ニシ一視
同仁民衆ヲ子愛シタマフ　聖旨ニ外ナラサルナリ正毅　勅語ヲ拝戴
シテ感激ノ至ニ堪ヘス謹テ其ノ謄本ヲ作リ管内ノ学校ニ頒ツ苟モ教
育ノ職ニ在ル者ハ常ニ之ヲ奉体シテ生徒ノ薫陶ニ努メ殊ニ学校ノ式
日ニハ恭シク之ヲ奉読シ生徒ヲシテ夙夜服膺セシメ以テ教化ノ実ヲ
挙ケ　聖旨ニ奉答セムコトヲ期スヘシ
明治四十五年一月四日
朝鮮総督　伯爵寺内正毅

　［いわゆる教育勅語の本文──略］
　　明治二十三年十月三十日
朕曩ニ教育ニ関シ宣諭スルトコロ今茲ニ朝鮮総督ニ下付ス
　　明治四十四年十月二十四日
　　御名御璽

　これに先立つ1909年5月には「御影並勅語謄本奉置心得」が出され、
併合後にもそのまま有効とされている。ここでの「勅語謄本」とは朝鮮
総督への下付の前であるから、日本国内のそれということになる。明治
天皇死去の翌年である1913年8月には、「御真影ニ関スル件」という朝
鮮総督府政務総監通牒が出され、明治天皇の写真をどう扱うかが指令さ
れている。1928年頃には「奉安所」設置が行なわれている。
　1918年12月5日には、京畿道京城元町公立小学校長鈴木志津衛の「勅
語謄本奉護美譚」が生じた。文題は「勅語謄本奉護美譚」であるが、文
章中には「御真影並に勅語謄本」とあり、校長は「御真影は御真影は」
「御真影を……」と叫んで、火の中に飛び込んだことになっている。『京
城日報』1918年12月6日付も「校長焼死　御真影を奉還せんと……悲
痛なる納骨」の見出しを掲げている。
　しかし、これらの事例は、朝鮮在住の日本人学校に関するものであっ
た。というのは、併合以前の1909年2月11日の「小学校規則」［小学
校は在朝鮮日本人児童の初等教育機関］の「第4章　学年、休業日及式
日」は次のように定めていた。

　　第一四条　紀元節、天長節及一月一日ニハ職員及児童学校ニ参集シ
　　　　　　左ノ式ヲ行フヘシ
　　一　職員及児童「君カ代」ヲ合唱ス
　　二　職員及児童ハ
　　　　天皇陛下
　　　　皇后陛下ノ御影ニ対シ奉リ最敬礼ヲ行フ
　　三　学校長ハ教育ニ関スル勅語ヲ奉読ス
　　四　学校長ハ教育ニ関スル勅語ニ基キ聖旨ノ在ル所ヲ誨告ス
　　五五　職員及児童ハ其ノ祝日ニ相当スル唱歌ヲ合唱ス
　　　　御影ヲ拝戴セサル小学校ニ於テハ前項第二号ノ式ヲ闕ク

　ところが、1912 年 3 月 28 日の「朝鮮公立小学校規則」には、〈式次第〉
がない。それに先立つ 1911 年 10 月 20 日の「普通学校規則」［普通学校
は朝鮮人児童の初等教育機関］も〈式次第〉を欠く一方、「朝鮮公立小
学校規則」が休業日を「祝日、大祭日／」と定めていたのに対し、休業
日を「四方拝／元始祭／孝明天皇祭／紀元節／春季皇霊祭／神武天皇祭
／秋季皇霊祭・神嘗祭／天長節／新嘗祭／」と列記している。
　1911 年 10 月 20 日の「高等普通学校規則」、「女子高等普通学校規則」
［各々朝鮮人生徒の中等教育機関］も同様に〈式次第〉を欠く。
　同じ植民地でも 1912 年 11 月 28 日の「台湾公学校規則」［公学校は台
湾人児童の初等教育機関］は〈式次第〉を含む。
　朝鮮教育令下の 1922 年 2 月 10 日の「小学校規程」において〈式次第〉
が復活する。1922 年 2 月 15 日の「普通学校規程」は、第 2 号の天皇写
真への拝礼を欠いた〈式次第〉を定める。
　上級学校においては、「中学校規程」、「高等普通学校規程」、「高等女
学校規程」、「女子高等普通学校規程」は、それぞれ、

　　　紀元節、天長節祝日及一月一日ニハ職員及生徒学校ニ参集シテ祝
　　賀ノ式ヲ行フヘシ

とのみ規定している。1922 年 2 月 15 日の「普通学校規程」が、第 2 号
の天皇写真への拝礼を欠いた〈式次第〉を定めたのは、朝鮮人の学校へ

は写真の配付を行なわないことを前提にしていたからに他ならない。

　1930 年 10 月には、「教育勅語煥発四十周年記念式」の名の下、教育勅語の朝鮮訳、漢訳が書堂、私立学校、面事務所に配布された。この「教育勅語煥発四十周年」というのは、「教育勅語」の朝鮮総督への下付とは始期を異にしているので、いつの間にか、その「煥発」の当初から、朝鮮に教育勅語が通用していたとして年を数える言説となっているのだが、そのような虚構の言説の中でも、日本語では用が果たせず、朝鮮訳、漢訳を配布しなければならないところに、それまでの植民地教育のなし得た限界と、その一方で、朝鮮訳、漢訳するという矛盾をおかしてでも、その内容を強要しようとする朝鮮総督府の意思を感じることができる。

　この後、朝鮮教育令下の「小学校規程」、「国民学校規程」は、形の上では朝鮮人・日本人双方の学校を対象とするものなので、〈式次第〉を含んでいる。そればかりでなく、次に明らかにするようにこの時点で、朝鮮教育令の施行に備え、朝鮮人学校にも天皇写真の配付を始めるのである。この時点で天皇写真を選ばれた朝鮮人学校に配付しても毀損される恐れがないとの判断があったものと思われる。

　これらの各時期ごとの諸学校規程と〈式次第〉の関係をまとめてみると、の通りであり、1912 年の「朝鮮公立小学校規則」で〈式次第〉を欠いていることが、同年の「台湾公学校規則」との対比の上からも、特徴的である。

〈表1〉朝鮮および台湾の諸学校規程と〈式次第〉の有無

		朝鮮人学校	日本人学校	台湾人学
	1909. 2.11		小学校規則 ○	
（第1次）朝鮮 教育令期	1911.10.20	普通学校規則、他 ×		
	1912. 3.28		朝鮮公立小学校規則 ×	
	1912.11.28			台湾公学校規則 ○
（第2次）朝鮮 教育令期	1922. 2.10 他		小学校規程、他 ○	
	1922. 2.15 他	普通学校規程、他 ○（第2号欠）		
（第3次）朝鮮 教育令期	1938. 3.15	小学校規程 ○		
	1941. 3.31	国民学校規程 ○		

出典：「各規則、規程」教育史編纂会著『明治以降教育制度発達史』第10巻、教育資料調査会、1964年（1939年初版）および、近代日本教育制度史料編纂会編『近代日本教育制度史料』第8巻、講談社、1956年

2　天皇写真の配付過程

　天皇写真、いわゆる「御真影」は、日本国内では1870年代以後、府県庁などの地方官庁、師団本部・軍艦などの軍施設を皮切りに、政府関係諸機関に交付された。学校への配付の最初は、1874年6月の東京開成学校への下付で、官立学校に続いて1887年9月の沖縄県師範学校を初めとして翌年末までに全国の道府県立師範学校・尋常中学校へも下賜された。

　1889年12月には、市町村立高等小学校にも「申立ニ依リ下附可相成筈」と文部省から道府県へ通知された。公立尋常小学校はその数の多さによって、写真製作技術面と経費面とにおいて対応しきれなかったために、文部省は、1892年5月「御真影複写ノ件」を道府県へ次官通牒した[15]。

　この写真の扱いについては、次の訓令が出されている。

　　1891年11月17日　文部省訓令第4号　「御影並教育ニ関スル勅語謄本ノ件」

　　　管内学校ヘ下賜セラレタル
　　　天皇陛下
　　　皇后陛下ノ御影並ニ教育ニ関シ下シタマヒタル　勅語ノ謄本ハ校内
　　　一定ノ場所ヲ撰ヒ最モ尊重ニ奉置セシムヘシ

　この写真による教員の殉難は多く伝えられている。殉難の始めとされるのは、1896 年 6 月 15 日の三陸大海嘯に際して、箱崎尋常小学校教員栃内泰吉が写真を守るために殉職したと報じられたことであり、1928年には、その 33 回忌を契機に顕彰の動きが起こり、1936 年、「教育塔」に合祀された。以後写真をめぐる殉職は続いた[16]。

　では植民地への写真下付はいつなされたのだろうか。天皇写真は申請に対して恩恵として与えるという形をとり、その申請およびそれへの応答は、宮内庁書陵部に『御写真録』としてすべて綴られている。しかし、この書類綴りに自由に接近することはできない[17]。そこでここでは同書類綴りを複製した国立教育政策研究所所蔵マイクロフィルム[18]、および2001 年 10 月、外務省外交史料館において公開された「茗荷谷研修所旧蔵記録」と題される文書群[19]によって植民地への写真配付を明らかにしていきたい。

　同フィルムから明らかになる限りでは、日本国外の学校への写真の下附は、1892 年 2 月 25 日付で外務大臣から宮内大臣に出されている在朝鮮国　仁川公立小学校　同　釜山共立小学校への下付の申請が最初である。そこには「本邦ニ在テハ御下附難相成学校ニ有之候得共在外国之学校ニ付特別ヲ以テ御下附可相成度哉相伺候也」という文言が付され、3月 25 日に下付されている。先の 1909 年 5 月の「御影並勅語謄本奉置心得」もこれらの写真を対象とするものであった。

　1917 年 2 月 5 日には、朝鮮総督から宮内大臣にあてて、京城専修学校外 2 校への下賜が申請され、そこには次のことが記されている。

　　　朝鮮人ヲ教育スル学校ニ御写真ヲ奉戴スルハ本件ヲ以テ嚆矢ト致
　　　候次第ナルモ既ニ学校ノ規律相整ヒタル今日三大節等ニ於テ御真影
　　　ヲ拝シ敬虔ノ至誠ヲ表セシムルハ朝鮮人子弟訓育上必要ノ儀ト被認
　　　候条特別ノ御詮議ヲ以テ下賜相成候様御配慮相煩度

　この3校は1916年4月に創立され、朝鮮総督府学務局『朝鮮諸学校一覧』1918年版には、「朝鮮人教育」の機関として掲載されている。

　1920年3月30日には、台湾人の中等教育機関である台湾公立彰化女子高等普通学校への下賜がなされているが、その申請には上記のような付言は付けられていない。

　植民地被支配者の初等教育機関への配付は1930年代になってからである。1931年4月23日に拓務大臣から台北州公立士林公学校への下賜の申請があり、7月24日に下付されている。これが植民地被支配者の初等学校への配付の最初と思われるが、そこには次のように記されている。

　　　追テ奉安設備並奉護方法ニ関シテハ完備セル旨台湾総督ヨリ申越
　　候ニ付申添候

　写真の配付は恩恵として扱われるので、配付される側はその保管方法等も問われる。しかし、その記述の精粗は地域の安全性が考えられたことと想像されるが、地域によって異なる。1934年当時、中国大陸所在の日本人学校からの申請には奉安庫の製造元、様式、設置場所まで詳細に記載されている一方、朝鮮所在の日本人学校からの申請にはそのような詳細な記載はない。

　朝鮮人初等学校への配付は、朝鮮人・日本人の形式上での学校体系の同一化を定めた朝鮮教育令の準備として行なわれた。

　1937年11月5日に政務総監から各道知事にあて、「御写真奉戴ニ関スル件」という次の通牒が出されている[20]。

　　今回主トシテ朝鮮人ヲ教育スル学校ニ対シ　天皇　皇后両陛下ノ御
　　写真　御下賜相成ルコトニ決定セラレタルニ付左記ニ依リ申請セシ
　　メラレタシ
　　　　記
　　一　当分ノ内公立高等普通学校、公立女子高等普通学校及道庁、府
　　庁所在地ニ於ケル公立普通学校ニシテ相当奉安設備ヲ為シタル学校

　　ハ奉戴申請ヲ為スコトヲ得

　1937年12月15日に、拓務大臣から朝鮮総督府管内53校への下賜申
請があり、12月20日下賜されている。表形式の申請であり、「奉護方法」
については、最初の大邱医学専門学校に「奉安殿ヲ設ケ且奉護ニ関スル
規定ヲ定メテ奉護ノ万全ヲ期ス」と記した後、他の学校はくり返し符号
が用いられている。53校の内訳は下記の通りである。

高等普通学校　9、女子高等普通学校　9、農業学校　3、農林学校　1、
商業学校　3、　普通学校　28

　これは、専門学校以外では朝鮮人学校では初めてであり、すべてであ
ることが、1938年6月17日付の拓務次官から宮内次官あて、「御真影
奉戴学校名変更ニ関スル件」で確認できる。この文書は朝鮮教育令によ
る学校名変更を届け出たものであるから、この時点での写真下付学校が
すべて載せられている。そこで朝鮮人学校への配付は1937年の配付分
が全てであることが分かる。
　1938年11月26日には「御写真奉戴ニ関スル件」という次の伺が出
されている[21]。

　　主トシテ朝鮮人ヲ教育スル学校ニ属スル　御写真奉戴ニ関シテハ昭
　和十二［1937］年十一月決定ニ依リ中学校高等女学校及道庁府庁所
　在地ニ於ケル小学校［ママ］ニ限リ詮議スルコトト相成リ右ニ依リ奉
　戴シタル学校ハ第一表ノ通五十校アリ
　　然ルニ小学校ニシテ道、府庁所在地分ノ邑又ハ郡庁所在地ニアル
　モノニシテ奉戴方熱望スル向尠カラザルニ付爾今左記ニ依リ奉戴範
　囲ヲ拡張スルコトニ決定相成リ可然哉
　　　　　　記
　一　邑及郡庁所在地ニ於ケル内地人小学校ニ於テ　御写真ヲ奉戴セ
　ル地ノ朝鮮人小学校ニシテ奉戴申請ヲ為シタル場合ハ詮議スルコト
　二　邑及郡庁所在地ニ於ケル前号以外ノ小学校ニ対シテハ内地人小

学校、朝鮮人小学校ハ同時ニ申請アリタル場合ニ限リ詮議スルコト
アルベシ

なお、同日文書課長から各道知事に宛てて、次の通牒が出されている。

御写真奉戴申請ニ関スル件
　御写真奉戴申請ヲ為ス場合ハ奉安所工事着手前協議相成度旨曩ニ
依命通牒ノ次第モ有之処学校等ニ徹底セザル向アリ不都合ヲ生ジル
事例有之ニ付爾今之ガ励行方ニ御配意相成度シ

私立学校については、同じ1941年1月に文書課長と学務局長の間で
次のやりとりがなされている。

文書課長から学務局長
　　御写真奉戴ニ関スル件
私立学校ノ御写真奉戴ニ関シテハ朝鮮ニ於テハ全鮮ヲ通ジ現在迄僅
ニ善隣商業学校一校ノミ御下賜アリタルモノニシテ奉護上特ニ慎重
ヲ期スル要アリ今後私立学校ニシテ申請シ来ルモノ多キモノト認メ
ラルルヲ以テ将来ハ経営ノ基礎確実ニシテ教員組織及生徒ノ思想状
況良好ト認メラルルモノニ対シテハ　御写真ハ御下賜ノ手続ヲ取ル
コトト致シ度一応貴見伺度

学務局長から文書課長
　　御写真奉戴ニ関スル件
一月十四日付来照首題ノ件貴見ノ通御下賜手続取計相成リタシ

このように天皇写真の配布にあたっては、朝鮮民衆の対応が大きな考
慮の対象となっていた。その結果として1943年9月現在の「奉戴一覧」
は次のようになっている。

官庁　　　　　45　　　　大学、予科　　　2

官立専門学校	5	師範学校	8
公立専門学校	2	中学校	32
女学校	42	商業学校	12
農業学校	18	実業学校	
国民学校140	国民学校 72		
総計	382		

かっこ内は未奉戴校、

なお国民学校は日本人学校、同は朝鮮人学校である。

　植民地解放後、これらの写真がどうなったかというと、台湾については 1945 年 10 月 2 日に、台湾総督から宮内大臣にあてて、「首題ノ件全島一四六官衙学校奉護責任者ニ於テ地方長官侍立ノ上謹而奉焼ノ儀晨修仕候條別冊合帖写添付／右御報告候也」という「御真影奉焼報告」がなされている。朝鮮については、敗戦前の 1945 年 5 月に、朝鮮総督から宮内大臣にあてて、廃校にともなう京城男子公立国民学校の写真の「奉還」が報告されていることが開示されているのみで、他にもあったはずの多くの写真がどうなったのかは、開示されていない。

　上記のように朝鮮人を主たる対象とする学校への天皇写真の配付が 1938 年に始まったからといって、では 1937 年まで、朝鮮人あるいは朝鮮人の学校が天皇写真から自由であったかというとそうではない。

　1911 年には、新民会及びその外郭団体である勉学会、海西教育総会などの愛国啓蒙運動への大弾圧である「105 人事件」が起こされた。この事件では 600 余名が逮捕され、128 名が起訴、105 人が有罪と宣告された。韓哲曦は「一被告は『定州新安学校の教頭で…日本天皇の最初の天長節の集会で、"天皇の御真影のまえで礼拝することを、偶像崇拝の行為として拒絶した団体のもっとも頑強な分子である"』との一項目だけが有罪を立証する唯一の事実とされ、七年の刑を宣告された。天皇写真への礼拝拒否による実刑の最初であろう」と記している[22]。

　また、1924 年 10 月忠清南道江景の神社の例祭参拝に引率された児童のうちキリスト者児童約 26 名が欠席、参加した約 40 名も拝礼を拒否し、翌日校長がこれらの児童に戒告を加えたという「江景普通学校生徒神社

参拝拒否事件」において、天主教のフランス人宣教師は校長宛に次の質問書を提出した [23]。

　　我天主教の厳重なる規則は異教の儀式に参与することを絶対に禁じております。天皇の御真影を拝することだけは喜んでやりますが、神仏を拝む神社に参拝する等断然出来ません。

　すなわち、朝鮮人初等学校への天皇写真の下付は 1937 年になってからであるが、公官署へ配付された写真に対して、周辺学校児童・生徒、あるいは住民の拝礼が強要されたことが考えられる。

註

1　杉崎綱五郎「感慨無量」(『朝鮮』第 85 号、1922 年 3 月、272 ページ) に引用されている民衆のことば。
2　朴慶植『朝鮮人強制連行の記録』未来社、1965 年、36 ページ。
3　大野謙一「簡易学校の増設方針」『朝鮮』第 241 号、1935 年 6 月、29 ページ。
4　宮田節子「朝鮮における『農村振興運動』」『季刊現代史』第 2 号、1973 年、参照。
5　大野前掲「簡易学校の増設方針」、参照。
6　弓削幸太郎『朝鮮の教育』自由討究社、1923 年、273 ページ、また、朝鮮内で校長は訓導を兼任していた。
7　弘谷多喜夫、広川淑子「日本統治下の台湾・朝鮮における植民地教育政策の比較史的研究」『北海道大学教育学部紀要』第 22 号、1973 年、表 43 による。
8　朝鮮総督府『朝鮮施政に関する論告・訓示竝に演術集』、1937 年、387 ページ。
9　皇国臣民ノ誓詞（其ノ一）−小学校児童用
　　1 私共ハ　大日本帝国ノ臣民デアリマス
　　2 私共ハ　心ヲ合セテ　天皇陛下ニ忠義ヲ尽シマス
　　3 私共ハ　忍苦鍛練シテ　立派ナ強イ国民トナリマス
　　　皇国臣民ノ誓詞（其ノ二）−中等学校以上および一般用
　　1 我等ハ皇国臣民ナリ　忠誠以テ君国ニ報ゼン
　　2 我等皇国臣民ハ　互ニ信愛協力シ　以テ団結ヲ固クセン
　　3 我等皇国臣民ハ　忍苦鍛練力ヲ養ヒ　以テ皇道ヲ宣揚セン
10　塩原学務局長談「朝鮮教育令の改正に就て」『朝鮮』1938 年 4 月改正教育令志願兵制度実施記念特輯、12 ページ。
11　『朝鮮諸学校一覧』1939 年、2 ページ。
12　『施政三十年史』、780 〜 781 ページ。
13　水野直樹「『創氏改名』の実施過程について」『朝鮮史研究会会報』第 154 号、2004 年。

14 台湾における「教育勅語」には下付文は付されていない（鷲巣敦哉『台湾保甲皇民化読本』台湾警察協会、1941 年、169 〜 170 ページ等掲載の「教育勅語」、参照）。

15 佐藤秀夫「解説」『続・現代史資料　8　教育　御真影と教育勅語Ⅰ』みすず書房、1994 年、10 〜 14 ページ。

16 岩本努『「御真影」に殉じた教師たち』大月書店、1989 年。

17 天皇写真がどのように配布（そして廃棄）されたかは、宮内庁書陵部所蔵の『御写真録』にすべて記録されているはずである。しかし、同庁は『御写真録』の自由な閲覧を許可していない。国立教育政策研究所所蔵マイクロフィルムのいくつかの欠落部分、および敗戦後の写真の処理についての筆者の宮内庁書陵部への利用申請に対して、『御写真録』中の何年度かを限っての「保存文書利用許可書」が出された。敗戦後の写真の処理については、台湾の事例のみが開示された。

18 利用した国立教育政策研究所所蔵マイクロフィルムも、その作成にあたって研究者が『御写真録』全冊を閲覧して、学校関係にしおりを入れてマイクロ業者に撮影を依頼するという通常考えられる手続きで作成されたものではなく、書陵部職員が選択したため、ある学校関係の次ページが撮影漏れになっているなど不十分なところが散見される、という状況である。

19 同記録には外務省、興亜院、大東亜省の対中国・満州経済活動に関する文書、拓務省、内務省が統理した植民地行政に関する文書などが収録され、各学校よりの御真影拝戴申請書も含まれている（「帝国皇室御写真関係雑件　下賜関係　朝鮮総督府関係」外交史料館『茗荷谷研修所旧蔵資料』L2）。

20 前掲「帝国皇室御写真関係雑件　下賜関係　朝鮮総督府関係」。

21 同上。

22 韓晳曦『日本の朝鮮支配と宗教政策』未来社、1988 年、159 ページ。

23 韓晳曦前掲書、160 ページ。

Ⅱ．研究論文

台南州における内台共学
——台南南門尋常小学校を中心にして——

白柳弘幸＊

はじめに

　内台共学とは日本植民地統治下の台湾において内地人と本島人が同一の学校で教室を共にして学ぶことを言う。統治初期の初等教育機関として本島人子弟の学ぶ公学校と内地人子弟の学ぶ小学校があり、原則として別学であった。ただしごく一部の例外として、地方都市にて小学校設置までの期間、公学校に内地人子弟が通学していた事例があった[1]。今回使用する史料では日本人・台湾人について内地人・本島人の呼称が使用されているため、その名称を使用する。尚、本稿では、現在では差別用語や不快用語とされる言葉が使用されているが、歴史用語として使用している。

　内台共学についてふれた論考は個人によるものとして、李園会『日本統治下における台湾初等教育の研究』[2]、蔡茂豊『中国人に対する日本語教育の史的考察』[3]等がある。また戦前発行物として論文ではないが台湾教育会編『台湾教育沿革誌』がある。本島人子弟の学んだ公学校教育についての論考や著作物は日本国内や台湾内で多々見られる。その一方、台湾在住内地人子弟の小学校教育については、そうした学校があったと説明程度に触れられたものは見るが、その成立等についての論考は高嶋朋子が「在台内地人」として取り上げているくらいで極めて少ない[4]。

　台湾における内地人初等教育は戦前文部省の教科及編制に則り、国定教科書が使用されていたため[5]、教育内容は国内と同様であるとして研究対象と見なかったのであろう。加えて内地人子弟の初等教育について述

べようとした時、残存する史料そのものが著しく欠けていることもその因の一つであると思われる。そのため、統治期台湾の小学校教育についての論及は十分なされていない。そうした状況下、李は総督府発行『学事年報』等をもとにし、全島小学校での内台共学について触れている。しかし、地域や一小学校での実情については管見の限り述べられてはいないと思われる。

　本稿では植民地統治下台湾での初等教育に於ける内台共学への教育政策過程、及び教育現場としての台南州下の小学校及び台南南門尋常小学校の内台共学事情について明らかにする。

1　内台共学へのみちのり

1－1国語伝習所から公学校へ

　台湾統治が開始され1896年3月台湾総督府直轄学校官制を公布し台北、淡水等枢要14ケ所の地方都市に官立の国語伝習所を設置した。国語伝習所には甲科と乙科が置かれ、甲科では15歳以上30歳以下の者を対象とし主として通訳養成を目的とした。乙科は8歳以上15歳以下の者を対象とし「本島民の子弟初めて学に就き、教育を受く」させるもので「将来公学校設置の際の準備作業」[6] として設けられた。同年6月国語伝習所規則第一条で「国語伝習所ハ本島人ニ国語ヲ教授シテ其日常ノ生活ニ資シ且本国的精神ヲ養成スルヲ以テ本旨トス」と規定した。ここに台湾総督府による本島人子弟の初等教育が始まる。

　同年5月台湾総督府直轄国語学校及附属学校ノ名称位置を規定し、本校を台北に置き、第一附属学校を士林、第二附属学校を艋舺、第三附属学校を大稲埕に置いた[7]。さらに2年後の1898年7月台湾公学校令、同月公学校官制を公布し、恒春と台東を除く国語伝習所と第一第二第三附属学校を公学校へと改編した。同年8月台湾公学校規則第一条で「公学校ハ本島人ノ子弟ニ徳教ヲ施シ実学ヲ授ケ以テ国民タルノ性格ヲ養成シ同時ニ国語精通セシムルヲ以テ本旨トス」と規定した。

1 - 2 小学校の設置

　1897年6月国語学校附属として台北に第四附属学校を置いた。同月台湾総督府国語学校第四附属学校規程にて、「本島ニ在ル内地人ノ児童ヲ教育スル所トス」と定めた[8]。また枢要の地に派遣されている内地人官吏及び民間人の子弟教育を行うことについて、同年10月「国語伝習所ニ於テ内地人学齢児童教育ノ件」にて、「台湾総督府国語伝習所ハ別ニ教場ヲ設ケテ内地人ノ学齢児童ヲ教育スルコトヲ得但其教則ハ明治三十年六月府令第二十八号台湾総督府国語学校第四附属学校規程ニ準拠スヘシ」と述べ、伝習所内に小学科を設置し内地人子弟の初等教育が始められた。「別ニ教場ヲ設ケテ」教育を行うと書かれているが、伝習所が置かれている校舎内の別の教場を指すのか、伝習所とは別個の建物施設の教場であるのかについては定かではない。各地の伝習所事情を斟酌し現地に任せられたのではないかと予想する。

　その後、渡台する内地人が増加し附属学校や国語伝習所小学科のみでは対応が不十分になった。そのため独立した小学校が必要になり、明治31年7月台湾総督府小学校官制を発布した。この時、官立小学校が台北、基隆、新竹、台南に、翌明治32年3月には台中、滬尾、宜蘭に増設された。これらの小学校は内地の小学校よりも進歩的な6年制を採用した。しかし、内地の学制と異なるため児童が台湾から内地に戻った時進級進学に問題が生じた。そのため1902年4月台湾小学校規則を定め内地同様の尋常科4年、高等科2年とした。この第一条で「小学校ハ内地人ノ学齢児童ヲ教育スル所トス」と規定された。これらにより本島人児童、内地人児童の就学するべき学校が定められた。

2 本島人からの共学化への熱望

2−1 内台共学にかかわる諸問題の推移

2−1−1 本島人子弟の小学校在学問題

1906 年 4 月、第 1 回国語伝習所修了生の柯秋潔[9]の子、柯文徳が台北第一小学校 4 年に在学していたことがわかり問題化した。

小学校は内地人子弟との規定を看過していたのであった。そのため同年 7 月 19 日「……畢竟監督粗漫に流れ、教員其の職責を慎重にせざるの致す所にして、其の法令の規定に抵触し、教育の方針に背馳……宜しく部下の吏員及教員の監督を周到にし、学制の規定を格守し、以て教育の効果を収めんことを期すべし[10]」との内訓が発せられた。本島人子弟の小学校就学の前例を作ることによって法令軽視となり、やがては小学校に本島人子弟の入学者志願者が増えることを危惧していたに他ならない。

2−1−2 混血児の小学校入学志願問題

1910 年 2 月 25 日、父が日本人小田島喜三、母が本島人呉氏阿妹の子弟、呉新一の小学校入学志願問題が台中でおこった。呉新一は内地人同様の教養もあり品性や動作も内地人と変わらないため、父親が小学校入学を志望し、願書が台中庁長から総督府へ届けられた。

これ対して、総督府は「混血児に関しては未だ何等の規定備はらず。……本島に於いて今俄に混血児に関し一定の原則を定め難く、要は本人の家庭に於ける生活状態其の他の事情を参酌し、各事実に就て其の取扱を定むる外無之、本出願者の如き事情ある者は許可可然[11]」ということになり、「混血児呉新一ヲ小学校ニ入学セシムル件ニ付三月十日付中庶学第一六一号内務局長ニ内議相成居処右ハ今回入学許可相成候条此段及通牒也」と発せられた。法令で規定されていない件については看過するしかなかったのであろう。この問題は内台共婚の問題でもあった。

2-2　台湾教育令から新台湾教育令

2-2-1　台湾教育令

　1919 年 1 月 4 日、総督府は台湾教育令を公布し、内地人と本島人の教育系統は別個のものとして定めた。総督府編修官加藤春城は内地人本島人教育を別個の系統にしたことについて「当時の本島の事情殊に本島人の国語修得といふ難関が横はつてゐたため[12]」と述べている。台湾教育令第三条には「教育ハ時勢及民度ニ適合セシムルコトヲ期スヘシ」と、状況により改正のあることを匂わせている。下村民政長官は「世の中のことは一足飛に飛び上ることは難しくて又可ならずと云ふこと……物自ら順序がある是に於て再び教育令第三条の民度に適合することを期すべしといふ法文を繰返して置く[13]」と述べた。台湾教育令公布後、台湾統治の政策として内地延長主義が採られた。これは第一次世界大戦後の世界に民族自決主義や民主主義が広まり、その影響が台湾へも波及することは避けられなかったことによる。

　同年 10 月に初の文民総督田健治郎が着任。田は一視同仁、内地延長主義の政策を掲げ、公布されたばかりの台湾教育令を改めると発表した。本島人諸学校は内地人学校に比べて学習程度が低く押さえられ、内地人学校進学の連絡も欠けていたこと等への本島人の不満解消を図るためであった。

2-2-2　「3分の1ルール」取り決め

　大正 8 年 12 月 27 日「本島人小学校入学ニ関スル」件が発せられた[14]。

　　　本島人ノ小学校志望者全部ノ入学ヲ許可セラルル趣旨ニハ勿論無之本人ノ教育程度国語習熟ノ程度家庭ノ状況家族ノ教育程度父兄ノ街庄ニ於ケル地位父兄又ハ本人ノ資産等ヨリ考ヘ既ニ相当内地化シ小学校ニ入学セシムルモ自他ノ勉学上何等不都合ナク本人ノ内地化ヲ促進セシムルニ適スト認メラルル者ヲ試験的ニ入学

　大正 11 年の新台湾教育令により内台共学が正式に発令されるが、それを待たず大正 8 年の内訓により、小学校教育に支障がない本島人子弟は

試験的入学が認められた。これは本島人の不満を少しでも早く解消させ
ようとするものと見てとれる。先の台湾教育令第三条「教育は時勢民度
に適合せしむべし」の条文が現実化したと言える。1年2年で時勢民度が
適合するものではなく、総督府の政策が本島人の希望に歩み寄ったもの
と言える。しかし、厳格な入学審査を行い合格者は多数にならないよう
に配慮すること、一学級の入学者数等の標準を示す必要があること、共
学の訓令が出れば島民は悉く小学校入学を許可されたと速断し、入学が
認められない場合は不平失望の原因となるので気をつけるようにと、試
験的入学に慎重な扱いを求めた。この内訓の12日後の大正9年1月8日、
「内地人台湾人共学ニ関スル件」が府報に掲載された[15]。

　　　台湾人ニシテ内地人ヲ教育スル学校ニ入学転学スル者アルトキハ
　　其ノ教化ノ程度当該学校ノ教養上支障ナシト認メラル、者ニ限リ
　　之ヲ許可スヘキニ付キ事情調査ノ上具申スヘキ旨大正八年十二月
　　二十七日付ヲ以テ庁長及ビ直轄学校長ニ対シ内訓セリ
　　　小学校所在地ト遠隔セル土地ニ居住スル内地人ニシテ其ノ子女ヲ
　　小学校ニ入学セシムルコト能ハサル事情アル者附近ノ公学校ニ希望
　　スルトキハ事情調査ノ上入学ヲ許可セシムルコト、セリ

　大正9年3月13日に「内台人共学に関する取扱手続」が発表された。
ここでは本島子弟が小学校に編入学する時、相当学年児童の年齢より満
1歳以上越えないとされていたのが満2歳以上越えないこと等が改めら
れた。さらに、小学校に共学を認可すべき本島人児童数の限度は、各学
級の内地人児童の3分の1と定められた[16]。以後、本島人児童数の限度
について、本稿では「3分の1ルール」と呼ぶことにする。この決定に
ついて総督府学務部は以下のような論評をしている[17]。

　　　今回、田総督の英断で共学が実施さるる様になつた事は、台湾教
　　育界の為めに大いに慶賀すべきことである……全く両者は混合され
　　て遂に徹底的の共学が行はれ、そして夫れが同化の根本を築く……
　　公学校に於ける国語教育が不充分であると云ふ今日の立場から見る
　　と、共学は実に有益である

　大正 9 年度の全台湾での共学許可者は直轄学校 10 名、小学校 57 名。大正 10 年度は小学校 216 名であった。次章で詳述するが、台南州下小学校での共学許可者は、大正 9 年度 22 名、大正 10 年度 92 名、新台湾教育令施行後の大正 11 年度は 141 名であった。台湾全体の 3 分の 1 強程度を台南州が占めていた。内、南門小は大正 9 年度 6 名、大正 10 年度 25 名、大正 11 年度は 25 名であった [18]。

2 - 3 『台湾教育』誌に載る「内台共学」についての論評

　内台共学について台湾教育会機関誌『台湾教育』には賛否の意見が載る。反対意見として台北詔安尋常小学校長小池藤人は

　　　共学を実施して小学校として利益した点は少しもない。児童には共学は一視同仁の大御心より出たことだ……共学で儲けたことは何もない。入学児童として入学して来る者は年齢において 1 歳長けているから徒競走をやれば勝つ。国語こそは劣っているが一般知能は勝っている [19]。

しかし、反対意見ばかりではない。台北城西尋常小学校長中村治太は
　　　児童の成績は概して良好でありまして、特に記憶の方面は通じて勝れて居るやうであります……共学児童が出来たため国語の常用者たる内地人児童にどんな影響があつたかと申しますと、児童各自が著しく自覚させられたといふこと丶、本島人に対する考へ方が変わつて来たといふことが自覚されまた本島人に対する理解の道が開けて来たのであります [20]。

　また、台北城東尋常小学校長門馬幸造は共学を推進するにあたっての懸念も述べた。

　　　共学児童に対する内地児童の態度については、当初大に注意を払つたが、何等憂ふべき点を認めず、寧ろ同情の念を以て之に接する

の有様であつて最初の懸念は全く杞憂に属し、現今では同級生間に相当の勢力を有するが如きものもあるようになつた。此点から見ると同一学級内に多数の共学児童を収容するのは、一考を要すること、思ふ[21]。

　小池が述べるように初等教育での学齢が1歳上というのは体力的にも大きな差がある。そうした共学児童が1学級に複数在籍することで、内地人児童が圧倒されることを懸念している。こうした声は、現場の教員が日々、子どもたちと共に過ごしその実態を見ているからこそ述べられるもので、机上のみで政策を行う者たちへの警鐘であった。そうしたことを乗り越え「本島人を理解する機会になる」「児童各自が著しく自覚させられたといふこと、、本島人に対する考へ方が変わつて来た」と共学問題について理解を示す校長も現れた。これらはこの時期の大正新教育というリベラルな教育思潮の影響もあったと思われる。

2−4　新台湾教育令

　1922年2月6日、総督府は再度、台湾教育令を公布した[22]。初等教育について言えば、別学を基本とするが、小学校教育に差し支えのない国語を解す本島人子弟に限り入学を正式に認めた。同時に本島人子弟の公学校に、内地人子弟の家事の都合により入学を希望する者についても認めた。小学校での共学について先の加藤は下記のように述べている。

　　　初等普通教育に於て国語を常用するものは小学校に入り、国語を常用せざるものは公学校に入ること、したのである。この差別は当分間□［双ヵ］方のために已むを得ないことで、将来本島人が凡て国語を常用するに至れば公学校は自然に消滅するのである。殊に小学校、公学校の学科課程は殆ど同一で、その卒業生も同様の資格で中等学校へ進学し得るやうになつたのである[23]。

　加藤が「小学校、公学校の学科課程は殆ど同一」と言うものの、台湾内の中学校受験では小学校で使用する文部省発行教科書から出題されて

いた。公学校に学ぶ本島人子弟は総督府発行教科書を使用していたため、
2種の教科書を学ばねばならなかった。筆者の行った聞き取り調査で、中
学受験についての思い出にふれると一様に不公平な扱いであったと指摘
していた[24]。それゆえ小学校で学ぶことにより中学進学が容易になると
いう保護者の意志がくみ取れる。上級学校に進学するためには否応なし
に国語を学ぶことが強いられたからである。本島人に国語の常用を強制
することについて陳培豊は「国語による"民族の同化"が究極の狙いで
あった[25]」と指摘した。

3　台南州下小学校における内台共学

3 − 1　台南州の教育

　台南州台南市は日本統治開始前まで清朝鄭政権以降の台湾の首府で
あった。台南第二公学校『沿革誌』[26]に興味深い記事が散見する。当校
は公学校制度発足の1898年に開校したが、その年度末には以下のような
記録が書かれていた。

　　　本市ハ台湾最古ノ都府ニシテ鄭氏ヨリ清国ニ引続キ二百年来中央
　　政府ノアリシ所ナルニ依リ比較的文化ノ度合高ク読書人ナル漢文学
　　者頗ル多シトス　然レトモ其弊ヤ保守的思想旺盛ニシテ徒ニ旧来ノ
　　陋習ヲ重シ古ヲ貴テ今ヲ卑トシ世ノ推移スルコトヲ知ラス随テ新教
　　育ヲ謳歌スルモ極メテ稀ナリトス

6年後の1904年には、

　　　逐年向学心ノ多少上進シタル結果男児ハ競テ入学ヲ希望シ容易ニ
　　募集ノ予定人員ヲ得ルニ至リタルモ女児ニ在リテハ入学者意外ニ僅少

更に9年後の1907年の記録は以下のようであった。

　　　　……専ラ旧ヲ貴ヒ新ヲ賤ムノ陋習ヲ有シ従来ノ書房ニ於ケル無意
　　　味ナル漢文教授ヲ愛好シ徒ニ我新教育ヲ嫌悪スルノ状況アリシカ今
　　　ヤ漸ク世ノ進運ニ伴ヒ本年ニ於テハ形勢自ラ一変シ進テ公学ニ入リ
　　　喜テ其教育ヲ受クルモノ大ニ増加スルニ至レリ

　台南市は「比較的文化ノ度合高ク読書人ナル漢文学者頗ル多」かった。
しかし「保守的思想旺盛ニシテ徒ニ旧来ノ陋習ヲ重シ古ヲ貴テ今ヲ卑ト」
するため、児童募集については苦労することになる。ところが9年後に
は「形勢自ラ一変シ進テ公学ニ入リ喜テ其教育ヲ受クルモノ大ニ増加」
となった。したがって、内台共学に対して熱心な保護者が少なくなかっ
たと予想できる。後章で述べるが、台南州にて全島の共学者の3分の1
を占めたのは「比較的文化ノ度合高ク」時勢を読めていた市民が多かっ
たからであろう。

3－2　3分の1を超えた小学校

　大正12年から昭和16年の13年間の台南州下小学校での内台共学状況
について考察したい。文末「資料1　台南州下小学校内台共学者数」か
ら、台南州36校の共学の推移を読み取ってみる。

　共学者の本島人子弟数が3分の1を超える数値を1度でも示した学校
は関廟尋常小学校、六甲、塩水、白河の4校。同様に20％を超えた学校
は、安平、車路墘、関廟、新化、玉井、麻豆、六甲、北門、塩水、白河、
斗六、西螺、北港、朴子の14校であった。通常こうした比率は内地人子
弟数と本島人子弟数を合算し母体数として算出するべきと思うが、「内台
人共学に関する取扱手続」で内地人子弟数に対しての本島人子弟数の比
率についてとしている。この算出方法によると数値がいくらか高くなる。
　塩水の大正15年と昭和2年に上限一杯。白河では大正13年から昭和
3年まで5年連続でオーバーしていた。昭和4年は内地人子弟数が増え、
本島人子弟数が減ったため割合が減少に転じた。麻豆と塩水のみが内地
人子弟数が百名を超えている時もあるが、白河では3分の1を超えた時
の全校児童数は20名から44名で、50名に足りない。全校生徒50名前

後の規模の学校では内地人子弟数が少ないため、本島人子弟数人の増加
で比率が高くなってしまっている。これらの町は製糖工場が置かれてい
たこと、古くからの廟があり書房等が置かれ、現地住民の教育への関心
が高かったこと、交通産業の要衝の町であつた等、それなりの歴史的社
会的な条件があったためと予想する。

　その一方、本島人子弟が殆ど在籍しない小学校もあるなど対照的な様
相が見られた。地方の小規模校では1校1学級の単級学校、2〜3学年
が同一学級となる複式学級も少なくなく、施設が不十分で内地人子弟で
すらも満足な教育が受けられなかった。加えて小さな町では日常的に日
本語による商業活動が少なく共学への関心が高まらなかったのであろう。

3 − 3　大規模小学校の場合

　南門小や嘉義市嘉義小は、全校児童数が多いときは1000名を超えた。
そのため本島人子弟が50名60名になってもその割合は低い比率のまま
になっている。台南は日本統治前台湾の首府で政治・経済・文化の中心
であり、日本統治後、首府が台北に移った後も台湾第2の都市であった。
嘉義は阿里山檜の集散地として商業活動が盛んな都市で中学校、高等女
学校がおかれていた。嘉義農林学校は甲子園での活躍がつとに知られて
いる。都市部では商業活動も活発であるため日本語を使うことが必須と
なる。生活のため子弟に日本語を習わせることに積極的な人々が増えて
いたのであろう。小学校へ我が子を就学させたいと考える保護者が増え
るほどに、日本語を使用することの重要性が知られ高まってきた証とも
言えるだろう。

　全体を俯瞰してみると、大正12年から昭和2年の変化は7%から8%
を推移しているが、昭和10年から16年にかけては7.1%から毎年上昇
し10.0%となっている。それでも3分の1には届くことがない。台北州、
高雄州等他地域の内台共学の事情と比較することで、各地方の特色が捉
えられるだろう。また、「資料1」を作成中、小学校に朝鮮人子弟や山地
民族も少数ながら在籍していることがわかった。

4　台南南門尋常小学校の内台共学

4－1　統治期台南市での学校設立

　明治29年5月国語伝習所名称位置が発布され、台南国語伝習所が市内の孔子廟に置かれたことが、台南での日本統治による教育の嚆矢となる。翌明治30年10月16日に台南国語伝習所小学科[27]が開校した。明治31年7月の台湾公学校令によって、本島人子弟が学ぶ台南国語伝習所乙科は台南第一公学校となった[28]。同時に台湾総督府小学校官制が公布され、内地人子弟の学ぶ台南国語伝習所小学科は台南尋常高等小学校として開校した[29]。

4－2　南門尋常小学校開校

　1915年4月1日の南門小開校経緯については、台南南門尋常小学校の後継校である台南市永福国民小学所蔵『南門尋常小学校　学校沿革誌』[30]に載る、以下の通り。

　　　台南市在住内地人学齢児童漸次□□□［増加シヵ］従テ学級数モ亦年一年増加スヘキ趨勢ヲ来シ従来本市ニ設置セラレタル台南尋常高等小学校ノミニテハ到底之ヲ収容シ難キニ到リタレハ当局ニ於テ本年度更ニ一小学校新設ノ必要認メ画策セラレタル結果茲ニ本日ヲ以テ本校ノ開始ヲ見ルニ到レリ
　　　而シテ元台南尋常高等小学校分教室建物ノ一部ヲ以テ教室及職員室ニ充当シ運動場小使室ノ如キハ台南第一尋常高等小学校□□教室ト共同使用スル□□［コトヵ］トセリ
　　　開設ハ当初本校ノ収容シタル児童ハ尋常科第三学年以下百参拾貳人ニテ之ヲ三学級ニ編制セリ

　台南市の内地人人口が増加し、台南尋常高等小学校のみでは児童が収容できなくなり、大正4年4月1日に台南第二尋常小学校が開校した。こ

の第二尋常小学校が南門小となった。南門小開校は台南国語伝習所小学
科開校の 18 年後のことであった。

　明治 30 年の台南市の人口は 45,328 人、この時内地人 1,404 名。南門小
開校年翌年の大正 5 年の台南市の人口は 60,821 人、内日本人 9,404 名と
なり[31]、内地人人口は 6 倍以上に増加した。軍政が解かれ官吏は現地の
人々に安心感を与えるため妻子同伴が勧められ、同時に民間人の渡台が
増加した結果であった。

4 - 3　南門小における内台共学

　1920 4 月 26 日付『沿革誌』記録に、南門小への初めて本島人子弟が入
学することについての記事が載る。

> 　　本島始政以来本年度始メテ本島人子弟ヲ内地人子弟ノ小学校ニ入
> 学スルヲ許可スルコト、ナリ本校ニ入学許可セラレタルモノ左ノ七
> 名ニシテ本日ヨリ通学ス
> 　　第六学年　楊○州、第四学年　呉○興
> 　　第三学年　陳○寧、蔡○厚、林○振、梁○禄、林○春

　初めての内台共学について「本島始政以来本年度始メテ本島人子弟ヲ
……」と載るのみであった。初年度の本島人子弟の入学者は男児 7 名で
4 年生と 6 年生が 1 名、3 年生が 4 名であった。この年、共学生が新 1 年
生として入学者は見られなかった。さらに翌 1921 年 4 月 26 日に 2 回目
の本島人子弟入学の記事が載る。

> 　　本日午前九時本島人児童ニシテ本校ニ入学許可セラレタルモノ、
> 入学式ヲ挙行ス入学者左ノ如シ
> 　　一学年四人、二学年一人、四学年五人、五学年十二人、六学年三
> 人、計二五人

　と載り姓名はない。1 年生は 4 名で他の 21 名は 2 年生以上への編入就
学であった。また、内台共学が開始された 2 年目までは、内地人子弟の

入学式は4月1日で、本島人子弟の入学式は4月26日に挙行されていた。本島人子弟の入学式を3週間も遅らせて行った意図については不明である。大正11年以降の入学式は合同で4月1日に行われたが、合同になった理由も書かれていない。共学3年目の大正11年の入学式記事については下記の通り。

　　午前八時四十分　入学式ヲ挙行ス新入学シタルモノ左ノ如シ
　　　第一学年　男七二　女九〇　計一六二
　　　共学児童　男一四　女一〇　計　二四

　と載るのみになった。本島人入学についての記録は徐々に簡略化された。『沿革誌』中の記録から1年生に1名入学したが、他についてはどの学年に入学したかは不明である[32]。共学化が常態化してきたため、詳述する必要がなくなったのだろう。

4－4　南門小本島人子弟の在学進級事情

　文末「資料2　内地人・本島人子弟の学年別男女別在籍者数」は『沿革誌』に載る大正4年から昭和7年までの記録から取り出したものである。昭和8年以降は『沿革誌』に内地人本島人区別のない記録になり、その詳細が不明になった。大正8年の記録が2種あるのは、南門小が台南第一尋常小学校から独立し新校舎に移転し、学区変更等で児童数が増加したためであった。移転後も順調に在籍者数が増し、昭和10年と14年に1469名を数える大規模校になった。

　戦前の小学校は留年制度があり南門小でもその記録が『沿革誌』に載る。それによれば、年度末の進級状況について原級留置者の記載があり、大正10年末は1年11名、2年1名、3年9名、4年10名、5年10名で合計45名であった。4月当初の在籍者が877名であるから5%の児童が該当している。5%の割合が他校と比べて多いか否かは他校と比較ができないためわからない。原級留置者数に内地人子弟・本島人子弟の内訳は書かれていない。そのため本島人子弟がどれほど含まれていたかについても不明である。

　1922年、1926年、1927年の各年度入学の本島人1年生児童の6年まで

〈表 1〉各年度の本島人児童進級状況

		1年	2年	3年	4年	5年	6年
1922年度入学 （大正11）	男児	0	0	1	不明	2	2
	女児	1	1	1	不明	3	3
1926年度入学 （大正15）	男児	6	5	5	7	8	9
	女児	2	3	0	4	4	2
1927年度入学 （昭和2）	男児	6	6	7	10	11	10
	女児	1	1	5	1	4	3

　の在籍者数を追跡すると〈表1〉のようになる。各年度とも1～3名の増減が繰り返されている。進級毎に本島人児童数に1～2名の増減が見られるが、原級留置者または公学校への転校という形で進級できなかった児童もいたと思われる。本島人子弟の進級事情を正確に捉えるためには個々の学籍簿の精査が必須となる。

　南門小本島人卒業生に、後年、経営の神様と言われた邱永漢がいる[33]。邱は6年生の時に行われた校内学力試験にて一人満点をとった。成績優秀であるからと6年担任の勧めにより、台湾全島で最難関中学と言われた台北高等学校尋常科に受験し合格した。本島人を受け持った学級担任が優秀な教え子を上級学校に進学を勧めた話はよく聞くが、邱永漢もそうした1人であった[34]。邱の思い出として、級長を決める学級内選挙で1番になったにもかかわらず、担任から副級長にさせられたことについてふれている。本島人級長の起立、礼などの号令によって内地人児童が動かされることを良しとしなかったのだろうと幼い時に受けた差別について回想している[35]。共学した小学校にて、担任教師からの差別や内地人子弟との軋轢などに嫌気が差した本島人子弟も少なからずいたことであろう。

4 - 5　南門小内地人・本島人子弟在籍状況

　文末「資料2　台南南門小学校　内地人・本島人子弟の学年別在籍者数」、同「資料3　台南南門小学校　内地人・本島人子弟の学級別在籍数」から南門小の共学事情を考えてみたい。

　1学級内に1割近く本島人子弟が在籍している学年学級を見ると、年度

によるばらつきはあるものの1、2学年では8%は超えていない。最高は大正12度の6年2組男女組で、内地人男児23名・本島人男児10名・内地人女児17名が在籍し本島人の比率は25.0%となり、3分の1ルール以内である。10名の本島人男児が1〜2歳年長で身体頑強の子たちであったら、脆弱な内地人男児などは子ども扱いされていたことだろう。当該学年の男児たちは大正9年度に3年生として5名が編入学し、毎年編入学者が加わり翌年から10名、17名、20名と増加してきた結果であった。この20名が2学級に10名ずつ在籍した。先に門馬校長が「同一学級内に多数の共学児童を収容するのは、一考を要する」と述べていた。それに当たることがあれば、新規入学を当然回避したはずである。「一考を要する」ことはなかったので2学級各10名の在籍者になったと考えてよい。この学年に限らず、総じて上級学年に進級するに従い本島人子弟の在籍者が増している。

　学校全体の本島人子弟の在籍者数は大正12、15年、昭和4年と7年でみると、70名、66名、75名、70名となるが、在籍者割合は7.5%、6.9%、6.6%、5.5%と低下している。大正13年1月19日『沿革誌』記事に「共学志望取調」として「大正十三年度本校ニ共学志望者ノ児童及保護者ヲ召集シテ学力等ヲ調査ス」とある。先に厳格な審査を行うよう指示があったことについて述べたが、南門小にて編入学に係わる考査があったことを教えてくれる。時期と進学先は異なるが、1944年3月に南門小を卒業した本島人女性は台南第一高等女学校への受験を希望した。しかし同校から台南第一高等女学校への本島人受験定員枠があり、受験出来なかったと言う[36]。また、「規則の上で、1割ちゅうことになっとった。しかし、5分位しかなかった[37]」という証言もある。本島人子弟在籍者数が増加しないのは、「3分の1ルール」以上の歯止めが学校現場にあったと考えられる。

5　全島の共学化の状況

「台南州下小学校内台共学者数」と『台湾総督府学事年報』『台湾総督

府統計書』から抽出した「全島の共学生」の比率を比較したものが文末の「資料4」である。台南州では共学初期から8％の割合が続くが、8％を超えるのに20年近くかかっている。全島規模でも同様であることから、手続き上の操作があったと思われる。

　昭和19年度の台湾全土の国民学校は1099校。内、日本人子弟及び国語学力ある本島人子弟の国民学校は155校、本島人子弟の国民学校は908校、高等科課程のない国民学校は36校と『台湾統治概要』で報告されている[38]。日本人子弟及び国語学力ある本島人子弟の国民学校155校に在籍する内地人子弟は44,210名、本島人子弟は3,763名としている。本島人以外の高砂族、朝鮮人、外国人子弟も合計すると3877名となる。共学者を本島人子弟のみとするか、内地人子弟外を一括するかによって共学生割合の数値が多少変化する。昭和15年から19年の内地人子弟在籍者数と共学生割合を見る。括弧内の数値は本島人以外の子弟も含めたものである。昭和15年8.5％、同16年9.0％、同17年8.9％、同18年9.7％、昭和19年9.8％となる[39]。

　これらからも「3分の1ルール」の3分の1の数値が出てくる。「3分の1ルール」そのものが忘れられているかのようである。

おわりに

　総督府が内台共学に踏み切ったのは、第一次世界大戦後の世界の動向、即ち欧米での民族自決主義や民主主義がアジア各地にも広まったためで、そうした影響が台湾へも波及することは避けられなかったことによる。東欧での植民地からの独立という動きも当然台湾に伝わっていたはずである。自国が植民地に置かれたままの状態を良しとせず、大正9年末から台湾議会設置請願運動等の動きも内台共学へ舵をきったことに影響したであろう。本島人の不満を少しでも解消させる政策の1つが内台共学であった。

　総督府は同化教育や皇民化教育を推し進めた。それが本気であるならば内台共学は願っても無い教育の場となるはずであった。にもかかわら

ず3分の1ルールを設定し、現場はそれ以上の規制をした。それは内地人児童が圧倒的に大多数を占めている本島人社会に同化されてしまうこと、内地人子弟の学力低下を恐れたからではないだろうか。それは総督府の官僚以上に内地人子弟を預かる小学校教員たちの思い、保護者の思いであったと予想する。

　小学校に転入学できた本島人子弟たちは、日本語による授業について行けるという大前提があった。幼くして日本語が話せる子どもたちの家庭は、地域の有産階級にある層、祖父母両親が有力者、高級官僚、医者、裕福な会社経営者の子弟たちだろう。「本島人小学校入学ニ関スル」件で言うところ「家庭ノ状況家族ノ教育程度父兄ノ街庄ニ於ケル地位父兄又ハ本人ノ資産」が十分な、地域全体の児童数から見ると極めて少ない人数であった。先の邱は、父は台湾人で母は日本人で、「世のサラリーマンたちとは比べものにならないほど豊かな生活」をしていたと述べている。李園会は小学校で学んだ本島人児童が日本人になりきれないことで心を病む事例があったことを報告している[40]。そうしたことはどの程度起きていたのだろうか。本島人子弟の共学化は差別を受けていた本島人の一部の者たちの不満解消となっただろうが、本島人の中に内なる差別、差別の重層化も生み出していたと思われる。

　わが子を小学校へ送り込もうとする本島人保護者の思惑、内地人子弟と本島人子弟との交遊事情、軋轢、本島人児童の心情、児童を指導する教員の思い等、内台共学は小学校現場で新たな課題を抱えることになったと予想する。総督府文書を中心としての制度史解明のみで学校現場、保護者、子どもたちの実情は見えてこない。それらを明らかにすることこそが生きた教育史研究なのではないかという思いを抱いた。

　平成17年3月、玉川大学教育博物館にて所蔵する外地教科書研究を支える周辺資料として、岡村豊館長と相談し外地学校関係図書等の収集を開始した。手始めに台湾諸学校同窓会事務局に同窓会会報等寄贈願いの文書を発送した。1週間後、会報を携えて本館を訪れたのは南門小学校同窓会会長の平峯克氏であった。記念すべき収集第1号の資料になった。その後、同窓会である大南門会にも呼んでいただけ会員各氏と親しく話す機会にも恵まれた。そうしたある年の大南門会で、母校の後継校

である永福国民小学を訪問した方から、傷みが激しいが南門小『沿革誌』
が残されている事を教えられた。それまで旧公学校所蔵『沿革誌』は各
地で閲覧してきたが、旧日本人学校『学校沿革誌』残存情報は初めて聞
き大変驚いた。その後平峯氏より呉明琼校長先生を紹介していただき閲
覧する機会を得た。南門小『沿革誌』読み解きつつ、これまで殆ど知ら
れていない内台共学者について数値を挙げて書かれていたことがわかり、
再度大変驚きをもって精読しそれを起こしたのが本稿である。平峯会長
や呉小校長先生に感謝するとともに、大南門会の方々が母校との絆を大切
にしてきたからこそ、こうした史料も大切に守られてきたのであろうと
思った次第である。会員諸氏にも改めて感謝申し上げたい。

　本稿は『玉川大学教育博物館紀要』第 14 号「台南南門小学校における
内台共学―大正 9 年から昭和 7 年の『学校沿革誌』記録を中心に―を加
筆訂正したものである。

註

1　拙稿「日本植民地統治下台湾における日本人小学校の成立と展開―統治初
　　期から明治末年までの日本人教育―」玉川大学教育博物館『玉川大学教育
　　博物館紀要』第 11 号　2014 年 3 月　17-33 頁。新竹州中港公学校小学科等
　　を例にして、公学校に設置された小学科で学んだ日本人子弟の就学状況に
　　ついてふれた。内地人子弟はそれぞれの公学校に特設された小学科に通学
　　し、近隣に設置されている小学校の小学校教員資格を持つ教師が派遣され
　　て教授した。この場合、近隣と言っても日常的に小学生が通学できない距
　　離にあった。内地人子弟が公学校で公学校教員資格の教員から学ぶと小学
　　校卒業資格が得られなかった為であった。内地の小学校への転校や上級学
　　校進学時の問題を解消するために、小学校教員資格を持つ教員派遣を苦肉
　　の策として行い、台湾への移民増加を図ろうとした。人口増加に伴い小学
　　科は漸次、当地の小学校分教場、小学校へと昇格し派遣教授は減る傾向に
　　あった。『瑞穂公学校沿革誌』に、昭和 12 年 4 月 1 日に瑞穂公学校小学科
　　から瑞穂尋常高等小学校が独立していることが載る。派遣教授は統治初期
　　だけではなく、僻遠の土地では長く行われていた。

2　李園会『日本統治下における台湾初等教育の研究』1981 年　瑞和堂 (台中市)
　　1153 頁、1182-1183 頁等。

3　蔡茂豊『中国人に対する日本語教育の史的考察』1977 年　私家版　110-131 頁。

4　高嶋朋子「明治期の「在台内地人」初等教育について―『台湾教育会雑誌』
　　所収記事から見る問題―」『日本帝国をめぐる人口移動の国際社会学』不二
　　出版　2008 年　593-636 頁。同「初等教育における内台共学―「在台内地人」
　　教育からの照射」―『帝国日本の展開と台湾』創泉堂出版　2011 年　145-

171頁等。拙稿「日本植民地統治下台湾における日本人小学校の成立と展開—統治初期から明治末年までの日本人教育―」

5 本島人子弟が在籍する公学校で使用する教科書は台湾総督府発行によるものを使用し、内地人子弟の在籍する小学校では文部省発行によるものを使用していた。しかし、台湾北部は亜熱帯気候、南部は熱帯モンスーン気候に属するため、内地の理科書では十分な指導ができなかった。例外的に、1940（昭和15）年から発行された『初等理科書』のみ共通教科書とした。

6 台湾教育会『台湾教育沿革誌』昭和14年 179頁。［1995年台北・南天書局復刻］

7 国語学校第一附属学校は士林の芝山巌恵済宮に置かれ明治29年6月に授業が開始された。同第二附属学校は艋舺の学海書院に置かれ同年11月に授業開始。同第三附属学校は大稲埕の大龍峒保安宮に置かれ同年9月に授業が開始された。このため、全島で1番早く初等教育を開始したのは芝山巌恵済宮の第一附属学校で現在の士林国民小学。第二附属学校は老松国民小学、第三附属学校は大龍国民小学である。

8 「台湾総督府報第百七号」（明治30年6月25日）掲載。第二条では「本校ニ小学科及ビ補習科ヲ置キ其修業年限ハ小学科ヲ六箇年トシ、補習科ヲ二箇年トス」と定めた。この時、まだ内地では尋常科4箇年であった。ここで置かれた国語学校第四附属学校は台湾での小学校教育の嚆矢となった。その後、官制が廃され台北庁台北第二尋常高等小学校、台北第二尋常小学校、台北城東尋常小学校、台北市旭尋常小学校、台北市旭国民学校と統治期に名称が変更された。現在は、台北市中正区東門国民小学となっている。

9 柯秋潔は第1回国語伝習所修了生。伊澤修二に伴われて内地視察など行う。

10 『台湾教育沿革誌』349頁。

11 『同上』350頁。

12 加藤春城「教育の概観」『台湾警察時報』台湾警察協会 昭和12年 232頁。

13 台湾総督府『詔敕・令旨・諭告・訓示類纂 上巻』 昭和16年 278頁。［台湾成文出版社復刻 民国88年］

14 『台湾教育沿革誌』昭和14年 351-352頁。

15 台湾総督府『府報』第2010号 彙報 大正9年1月8日。

16 『台湾教育沿革誌』353-354頁。

17 『台湾日日新報』大正9年1月10日 第7032号 第2面。

18 台湾全土の共学者数は『台湾教育沿革誌』352頁。台南州、南門小での共学者数は大正11年5月末日現在『台南州管内学事一覧』台南州内務部教育課。

19 「吾が校に於ける共学児童の取扱」『台湾教育』台湾教育会 大正9年4月号 第215号 120-122頁。大正8年12月に共学を認める内訓が出、大正9年4月に共学が始まる。共学について論じた台北市小学校の試験的入学の行われた時期や規模は不明。

20 「共学児童に就いて」『同上』 123-124頁。

21 「共学児童学習状況」『同上』 125-127頁。

22 法令名は前回同様に「台湾教育令」であった。そのため、前回の法令と区別するため新台湾教育令とか第二次台湾教育令などと呼び区別していることが多い。『台湾教育沿革誌』では新台湾教育令の名称を使用している。

23 「教育の概観」232頁。

24 拙稿「第1回台湾教育現地調査」『玉川大学教育博物館紀要』第2号 玉川

大学教育博物館　2007 年　67-69 頁。

25 陳培豊『「同化」の同床異夢』三元社　2001 年　183 頁。

26 台南市立人国民小学所蔵『台南第二公学校　沿革誌　第壹巻』

27 小学校教員資格を持つ国語伝習所教員が内地人子弟の教育を行った。

28 国語伝習所乙科の多くが公学校となったが、原住民を主とする伝習所は時期尚早としてそのまま継続した。この時、台南国語伝習所乙科は台南第一公学校となり、台南師範学校附属公学校等を経て、現在は国立台南大学附設実験国民小学。

29 台南尋常高等小学校は台南第一尋常小学校、台南花園尋常小学校を経て、現在は台南市公園国民小学。

30 台南市中西区永福国民小学所蔵。表紙中央に『学校沿革誌』と大書され、左側にやや小さく「南門尋常小学校」と書かれている。大正 4 年 4 月 1 日から、昭和 17 年 3 月 11 日までの沿革が記録されている。墨書部分の記録は鮮明であるが、インクで書かれた部分については字句が薄れ読み解くことが困難な箇所が多々見られる。裏打ち等の補修が施され新たな表紙が付けられている。

31 『台湾総督府統計書　第一回』（台湾総督府民政部文書課）等より。

32 『学校沿革誌』の記録記載については、1899（明治 32）年 12 月内訓第五十七号「学校諸帳簿ニ関スル件」により「学校沿革誌ハ学校創立ノ起因、校舎校地資産等ノ関係創立者ノ功績創立記念日、毎年職員ノ異動生徒ノ員数並学業進否ノ状況、毎年度経費ノ増減或ハ学校ノ盛衰利害ニ関係アル事項其他特別ニ記録スヘキ事実ヲ記入スルノ類」と定められた。ただし記述内容や分量については校長裁量であった。そのため、筆者がこれまで閲覧してきた『学校沿革誌』の記述内容や分量は様々であった。個人的な感想であるが先の台南第二公学校『沿革誌』の詳細さはベスト 3 に入るものであった。南門小学校の『沿革誌』について述べれば、充実している記述内容や分量と言える。」現在の学校に於いても継続されている。

33 邱永漢（1924-2012）は台南市生まれ。実業家、直木賞作家、経済評論家などの多彩な顔を持つ。自伝『わが青春の台湾・わが青春の香港』（中央公論社　1994 年）によれば父は台湾人、母は日本人で、家庭は複雑であったと回想している。

34 拙稿「第 1 回台湾教育現地調査」『玉川大学教育博物館紀要』第 2 号　玉川大学教育博物館　2007 年　9-30 頁。

35 『わが青春の台湾・わが青春の香港』21-23 頁。

36 台南市中区在住の陳文珍氏より。同氏は台北市南門小学校から台南市南門小学校に転校。戦後台湾省立工学院（現台成功大学）の化学工程系学科 3 回生として卒業。卒業後、国家機関の中央標準局化験室勤務後、母校の台南女中で長く教職にあった。台北の小学校では担任教師が台湾人を馬鹿にするのが不愉快であったと述べた。2014 年 6 月 20 日、台南市の自宅にて聞き取り。

37 弘谷多喜夫「日本統治下台湾における公学校教育―日本人教師からの証言による構成―」『釧路短期大学紀要』第 13 号　釧路短期大学　1986 年　15-16 頁。この証言中「1 割」「5 分」という発言がみられるが、3 分の 1 には及ばないということとして受けとめてよいだろう。

38 台湾総督府『台湾統治概要』1945 年　37 － 47 頁。［台北南天書局復刻　1997 年］

39 先の「資料 4」で取り上げた内地人子弟や共学者の人数と『台湾統治概要』に載る数値に若干齟齬が見られるのが気になるので参考までにあげてみた。

40 李園会『日本統治下における台湾初等教育の研究』台中瑞和堂　1981 年1182-1183 頁。

〈資料 1〉各年度の本島人児童進級状況

	学校名			T,12	T,13	T,14	T,15	S,2	S,3	S,10	S,11	S,12	S,13	S,14	S,15	S,16
1	台南高等小学校	内地	男	69	75	93	68	69	85	-	-	-	-	-	-	-
			女	93	85	79	68	66	76	-	-	-	-	-	-	-
		本島	男	10	13	11	11	14	6	-	-	-	-	-	-	-
			女	1	7	3	1	0	0	-	-	-	-	-	-	-
		小計		173	180	186	148	149	167	-	-	-	-	-	-	-
		本子比(%)		6.8	12.5	8.1	8.8	10.3	3.7							
2	花園尋常小学校	内地	男	317	309	289	302	287	294	470	476	473	477	482	473	452
			女	303	295	268	285	283	283	334	352	366	382	412	415	422
		本島	男	44	41	28	35	29	20	23	27	29	24 朝1	29	36	42
			女	19 朝1	17	11	10	7	7	18	19	22	22	25	32	39
		小計		684	662	596	632	606	604	848	874	890	907	948	956	955
		本子比(%)		10.2	9.6	7.0	7.7	6.3	4.7	5.1	5.6	6.1	5.4	6.0	7.7	9.2
3	南門尋常小学校	内地	男	463	485	481	484	508	557	737	733	706	725	707	676	671
			女	468	486	488	479	482	524	666	661	640	672	693	676	678
		本島	男	45	31	41	42	43	51	48 朝1/高1	40 朝1/高1	48 高1	39 高1	41 高1	45	51
			女	25	20	22	24	23	26	18	23	23	28	27	28 朝1/高1	34 高1
		小計		1001	1022	1032	1029	1056	1158	1469	1459	1418	1465	1469	1431	1435
		本子比(%)		7.5	5.3	6.5	6.9	6.7	7.1	4.7	4.6	5.3	4.9	4.9	5.4	6.3
4	安平尋常小学校	内地	男	16	15	16	18	17	24	23	29	36	29	24	25	23
			女	20	16	15	17	15	19	25	32	36	30	26	26	21
		本島	男	7	9	9	5	3	3	0	0	0	1	2	2	3
			女	0	0	0	0	0	0	1	1	1	2	1	1	0
		小計		43	40	40	40	35	46	49	62	73	62	53	54	47
		本子比(%)		19.4	29.0	29.0	14.3	9.4	7.0	2.1	1.6	1.4	5.1	6.0	6.0	6.8
5	車路墘尋常小学校	内地	男	14	14	16	16	14	22	32	30	32	28	29	29	23
			女	22	24	25	25	26	28	35	36	34	32	31	32	31
		本島	男	3	3	8	7	7	7	2	2	2	3	3	3	4
			女	3	2	2	2	2	0	4	4	4	5	6	5	4
		小計		42	43	51	50	49	59	73	72	72	68	66	69	62
		本子比(%)		16.7	13.2	24.4	22.0	22.5	14.0	9.0	9.1	9.1	13.3	15.0	13.1	14.8

	学校名			T,12	T,13	T,14	T,15	S,2	S,3	S,10	S,11	S,12	S,13	S,14	S,15	S,16
6	関廟尋常小学校	内地	男	5	3	6	7	9	8	9	7	10	13	15	13	12
			女	14	12	9	9	10	11	9	10	9	13	14	14	9
		本島	男	3	4	3	3	3	4	2	3	2	3	3	3	1
			女	1	1	1	1	1	1	1	1	1	1	2	3	2
		小計		23	20	19	20	23	24	21	21	22	30	34	33	24
		本子比(%)		21.1	33.3	26.7	25.0	21.1	26.3	16.7	23.5	15.8	15.4	17.2	22.2	14.3
7	三崁店尋常小学校	内地	男	20	25	21	21	23	25	23	22	26	28	36	33	31
			女	16	17	24	21	21	21	11	11	15	20	29	3	39
		本島	男	4	4	2	3	4	2	3	1	2	4	2	4	6
			女	0	0	0	0	0	0	0	0	2	3	3	3	5
		小計		40	46	47	45	48	48	37	34	45	55	70	70	81
		本子比(%)		11.1	9.5	4.3	7.1	9.1	4.3	8.8	3.0	9.8	14.6	6.7		15.7
8	新化尋常小学校	内地	男	22	19	19	21	31	32	24	28	29	31	23	29	37
			女	18	15	13	14	22	22	33	36	37	32	30	36	38
		本島	男	1	1	1	0	3	5	6	0	10	11	12	11	12
			女	0	1	1	1	2	2	3	0	3	3	3	4	3
		小計		41	36	34	36	58	61	66	64	79	77	68	80	90
		本子比(%)		2.5	5.9	6.3	2.9	9.4	13.0	15.8	0.0	19.7	22.2	28.3	23.1	20.0
9	善化尋常小学校	内地	男	16	13	14	15	17	22	55	54	62	49	50	40	37
			女	18	10	12	16	19	28	53	53	43	35	41	42	48
		本島	男	0	4	5	4	3	3	1	2	1	0	0	0	3
			女	0	0	0	0	0	0	0	0	1	0	0	0	0
		小計		33	27	31	35	39	53	109	109	107	84	91	82	88
		本子比(%)		0.0	17.4	19.2	12.9	8.3	6.0	0.9	1.9	1.9	0.0	0.0	0.0	3.4
10	玉井尋常小学校	内地	男	8	9	10	18	21	17	12	16	17	16	27	24	22
			女	11	12	10	11	18	18	25	19	22	16	25	14	15
		本島	男	0	0	0	0	1	1	5	3	6	5	0	4	4
			女	0	0	0	0	0	0	0	3	0	2	0	2	2
		小計		19	21	20	29	40	36	42	41	45	39	52	44	43
		本子比(%)		0.0	0.0	0.0	0.0	2.6	2.9	13.5	17.1	15.4	21.9	0.0	15.8	16.2
11	麻豆尋常高等小学校	内地	男	44	44	47	49	61	62	96	85	91	83	65	65	78
			女	52	50	60	59	62	59	96	84	95	92	96	106	110
		本島	男	3	4	6	8	12	11	19	26	23	24	25	24	25
			女	0	0	0	1	1	1	2	2	4	4	8	7	10
		小計		99	98	113	117	136	143	213	197	213	203	194	202	223
		本子比(%)		3.1	4.3	5.6	8.3	10.6	9.9	10.9	16.6	14.5	16.0	20.5	18.1	18.6
12	六甲尋常高等小学校	内地	男	60	53	57	66	71	73	24	31	28	27	17	8	14
			女	56	69	54	57	49	56	13	15	17	16	13	13	20
		本島	男	7	8	10	14	16	14	4	4	4	5	5	5	5
			女	0	1	3	5	5	5	2	1	1	1	1	2	2
		小計		123	131	124	142	141	148	43	51	50	48	36	28	41
		本子比(%)		6.0	7.4	11.7	15.4	17.5	14.7	16.2	10.9	11.1	14.0	20.0	33.3	20.6
13	佳里尋常高等小学校	内地	男	34	37	41	41	31	41	60	61	70	65	67	79	79
			女	24	20	33	30	31	35	58	51	65	72	82	74	77
		本島	男	0	0	1	0	0	1	0	0	2	9	7	9	6
			女	0	0	0	0	0	0	0	1	0	0	1	3	3
		小計		58	57	75	71	62	77	118	113	137	146	157	165	165
		本子比(%)		0.0	0.0	1.4	0.0	0.0	1.3	0.0	0.9	1.5	6.6	5.4	7.8	5.8

学校名			T,12	T,13	T,14	T,15	S,2	S,3	S,10	S,11	S,12	S,13	S,14	S,15	S,16
14 北門尋常小学校	内地	男	7	10	13	13	11	10	12	10	12	9	12	9	14
		女	7	5	12	10	6	7	13	10	7	6	7	10	15
	本島	男	0	0	0	0	0	0	1	1	1	1	1	1	1
		女	0	0	0	0	0	0	0	0	1	2	2	0	1
	小計		14	15	25	23	17	17	26	21	21	18	22	20	31
	本子比(%)		0.0	0.0	0.0	0.0	0.0	0.0	4.0	5.0	10.5	20.0	15.9	5.3	6.9
15 塩水尋常高等小学校	内地	男	53	40	34	34	32	29	66	61	63	75	80	96	92
		女	33	36	33	26	28	33	62	54	56	57	69	75	82
	本島	男	12	11	14	17	17	11	10	12	14	15	17	18	22
		女	3	3	3	3	3	3	3	4	5	7	10	12	13
	小計		100	90	84	80	80	76	141	131	138	154	176	201	209
	本子比(%)		17.4	18.4	25.4	33.3	33.3	22.6	10.2	13.9	16	16.7	18.1	17.5	20.1
16 新営尋常小学校	内地	男	56	73	78	81	83	80	112	136	145	155	204	223	241
		女	68	83	79	91	85	91	171	171	150	168	214	215	236
	本島	男	0	0	0	1	2	2	9	8	6	8	7	10	12
		女	1	1	1	1	1	0	2	2	3 朝1	3	2 朝1	3 朝2	7 朝2
	小計		125	157	158	174	171	173	294	317	305	335	429	453	498
	本子比(%)		0.8	0.6	0.6	1.2	1.8	1.2	3.9	3.3	3.1	3.4	2.2	3	2
17 烏樹林尋常小学校	内地	男	17	27	26	28	26	24	32	34	27	37	40	39	39
		女	18	23	29	27	22	24	26	21	28	28	30	32	42
	本島	男	0	0	0	0	1	1	0	0	0	0	0	0	0
		女	0	0	0	0	0	0	0	0	0	0	0	0	0
	小計		35	50	55	55	49	49	58	55	55	65	70	71	81
	本子比(%)		0	0	0	0	2.1	2.1	0	0	0	0	0	0	0
18 白河尋常高等小学校	内地	男	14	9	13	13	10	9	24	22	26	23	22	24	13
		女	21	23	10	10	6	4	22	28	32	36	25	26	20
	本島	男	10	11	13	12	10	6	3	3	4	3	4	2	4
		女	1	1	1	1	1	1	1	2	3 朝1	3	3	4	4
	小計		46	44	37	36	27	20	50	55	66	65	54	56	41
	本子比(%)		28.6	37.5	60.9	56.6	68.8	53.8	8.7	10.9	12.1	10.2	14.9	12	24.2
19 嘉義尋常高等小学校	内地	男	453	445	493	512	558	603	794	615	564	478	440	390	383
		女	449	431	441	490	543	613	717	568	540	471	449	406	380
	本島	男	53	56 朝1/高1	54 高1	53 高1	60	61	59	48	54	48	50	51	52
		女	22	20	26	26	25	23	34	28	29	30	37	37	48
	小計		977	954	1015	1082	1186	1300	1604	1259	1187	1027	976	884	863
	本子比(%)		8.3	8.7	8.5	7.9	6.8	6.9	6.2	6.4	7.5	8.2	9.8	11.1	13.1
20 若葉尋常小学校	内地	男								159	220	255	313	306	299
		女								149	193	255	327	332	314
	本島	男								14	15	19	21	25	26
		女								7	6	10	16	21	23
	小計									329	434	539	677	684	662
	本子比(%)									5.7	5.1	5.7	5.9	7.2	8.0
21 南靖尋常高等小学校	内地	男	39	42	43	36	48	31	47	40	37	45	53	53	45
		女	39	45	53	52	60	43	58	69	56	50	50	60	50
	本島	男	0	0	0	1	2	3	5	5	6	3	4	4	4
		女	0	0	0	2	2	3	3	5	6	6	6	5	4
	小計		78	85	96	91	112	80	110	119	105	104	113	122	103
	本子比(%)		0.0	0.0	0.0	3.4	3.7	8.1	7.6	9.2	12.9	9.5	9.7	8.0	8.4

			T,12	T,13	T,14	T,15	S,2	S,3	S,10	S,11	S,12	S,13	S,14	S,15	S,16
22	大林尋常高等小学校	内地 男	27	37	28	37	48	58	62	61	66	82	83	81	72
		内地 女	24	28	26	28	36	36	50	50	55	66	67	66	79
		本島 男	0	0	4	3	5	5	6	7	7	8	9	10	9
		本島 女	0	0	1	1	1	1	5	4	2	1	4	3	5
		小計	51	65	59	69	90	100	123	122	130	157	163	160	165
		本子比(%)	0%	0%	9.2	6.2	7.1	6.4	9.8	9.9	7.4	6.1	8.0	9.2	9.3
23	竹崎尋常小学校	内地 男	6	7	5	5	11	10	8	12	11	16	13	12	12
		内地 女	9	11	14	11	15	13	6	13	15	14	11	12	15
		本島 男	2	2	6	5	5	2	1	0	0	0	1	0	0
		本島 女	1	1	0	0	0	0	1	1	2	4	1	1	1
		小計	18	21	25	21	31	25	16	26	28	34	26	25	28
		本子比(%)	20.0	16.7	31.6	31.3	19.2	8.7	14.3	4.0	7.7	13.3	8.3	4.2	3.7
24	奮起湖尋常小学校	内地 男	-	-	-	-	-	-	9	12	7	9	11	10	7
		内地 女	-	-	-	-	-	-	12	14	13	13	12	11	9
		本島 男	-	-	-	-	-	-	2	5	5	3	2	2	2
		本島 女	-	-	-	-	-	-	2	3	4	3	2	4	1
		小計	-	-	-	-	-	-	25	34	29	28	27	27	19
		本子比(%)							19.0	30.8	45.0	27.3	18.2	28.6	18.8
25	阿里山尋常高等小学校	内地 男	43	55	50	58	63	59	67	52	51	61	48	48	48
		内地 女	42	46	55	58	59	65	79	76	63	48	41	42	38
		本島 男	0	0	1	0	0	2	10	10	8	13	9	8	11 高1
		本島 女	0	0	0	0	0	0	9	10	7	7	5	2	1
		小計	85	101	106	116	122	126	167	148	129	129	103	100	99
		本子比(%)	0.0	0.0	1.0	0.0	0.0	1.6	13.1	15.6	13.2	18.3	15.7	11.1	14.0
26	斗六尋常高等小学校	内地 男	76	77	85	72	63	63	88	101	98	105	97	107	101
		内地 女	86	61	81	73	73	73	72	85	94	103	84	85	85
		本島 男	23	20	24	26	24	25	35	36	38	35	33	31	25 朝1
		本島 女	6	5	5	4	6	5	7 朝2	8	12	13	11	12	13
		小計	191	163	195	175	166	166	204	230	242	256	225	235	225
		本子比(%)	17.9	18.1	17.5	20.7	22.1	22.1	26.3	23.7	26	23.1	24.3	22.4	20.4
27	大崙尋常小学校	内地 男	21	18	19	23	27	24	31	27	25	27	26	34	34
		内地 女	11	13	15	18	24	21	32	37	27	30	34	33	36
		本島 男	0	0	0	0	0	0	0	2	2	3	4	4	2
		本島 女	0	0	0	0	0	0	1	1	1	1	1	2	1
		小計	32	31	34	41	51	45	64	67	55	61	65	73	73
		本子比(%)	0.0	0.0	0.0	0.0	0.0	0.0	1.6	5.0	6.0	7.0	8.3	9.0	4.3
28	栄村尋常高等小学校	内地 男	-	-	-	-	-	-	-	-	-	28	30	34	39
		内地 女	-	-	-	-	-	-	-	-	-	17	21	26	30
		本島 男	-	-	-	-	-	-	-	-	-	0	0	0	0
		本島 女	-	-	-	-	-	-	-	-	-	0	0	0	0
		小計	-	-	-	-	-	-	-	-	-	45	51	63	69
		本子比(%)										0.0	0.0	0.0	0.0
29	西螺尋常小学校	内地 男	14	11	9	9	13	20	22	24	27	24	31	37	32
		内地 女	16	15	15	13	5	9	22	21	27	24	29	23	24
		本島 男	3	6	6	4	1	1	2	2	4	5	7	5	5
		本島 女	0	0	0	0	0	0	1	1	3	4	4	6	6
		小計	33	32	30	26	19	30	47	48	61	57	71	71	67
		本子比(%)	10.0	23.1	25.0	18.2	5.6	3.4	6.8	6.7	13.0	18.8	18.3	18.3	19.6

	学校名			T.12	T.13	T.14	T.15	S.2	S.3	S.10	S.11	S.12	S.13	S.14	S.15	S.16
30	虎尾尋常高等小学校	内地	男	96	90	96	115	122	128	188	198	203	218	220	260	249
			女	103	108	118	139	133	148	223	198	209	219	198	212	209
		本島	男	9	15	12	12	13	13	25 朝1	28	27 朝1		26 朝1	29	31
			女	5	7	9	8	6	5	9	8	9	16 朝1	19 朝1	22	23
		小計		213	220	235	274	274	294	447	432	449	482	465	523	512
		本子比(%)														
31	春日尋常高等小学校	内地	男	-	-	-	-	-	-	-	-	-	-	-	12	9
			女	-	-	-	-	-	-	-	-	-	-	-	9	10
		本島	男	-	-	-	-	-	-	-	-	-	-	-	0	0
			女	-	-	-	-	-	-	-	-	-	-	-	0	0
		小計		-	-	-	-	-	-	-	-	-	-	-	21	19
		本子比(%)													0.0	0.0
32	龍岩尋常小学校	内地	男	-	-	-	-	-	-	-	26	28	26	30	32	38
			女	-	-	-	-	-	-	-	33	30	37	37	39	36
		本島	男	-	-	-	-	-	-	-	0	0	0	0	0	2
			女	-	-	-	-	-	-	-	0	0	0	2	2	3
		小計		-	-	-	-	-	-	-	59	58	63	69	73	79
		本子比(%)									0.0	0.0	0.0	3.0	2.8	6.8
33	北港尋常高等小学校	内地	男	45	44	46	66	61	72	134	154	149	135	134	142	146
			女	47	40	42	47	51	65	128	125	154	156	131	133	134
		本島	男	23	17	21	13	20	21	28	30	35	35 朝1	36	35	37
			女	1	1	6	7	6	6	10	12	11	14	16	16	14
		小計		116	102	115	143	138	164	300	321	349	341	317	326	331
		本子比(%)		26.1	21.4	30.7	17.7	23.2	19.7	14.5	15.6	15.2	16.8	19.6	18.5	18.2
34	朴子尋常高等小学校	内地	男	20	17	26	27	34	37	41	36	43	45	48	49	55
			女	27	24	33	35	42	46	46	51	50	44	53	66	54
		本島	男	2	4	9	10	11	11	10	8	6	6	8	9	10
			女	3	3	4	4	5	3	4	6	7	6	7	7	6
		小計		52	48	72	76	92	97	101	101	106	101	116	131	125
		本子比(%)		10.6	17.1	22.0	11.6	21.0	16.9	16.1	16.1	14.0	13.5	14.9	13.9	14.7
35	蒜頭尋常小学校	内地	男	20	29	32	31	28	30	40	43	47	40	47	49	48
			女	16	18	19	22	22	28	28	32	37	39	45	42	50
		本島	男	0	0	0	0	0	0	0	0	0	0	0	0	0
			女	0	0	0	0	0	0	0	0	0	0	0	0	0
		小計		36	47	51	53	50	58	68	75	84	79	92	91	98
		本子比(%)		0.0	0.0	0.0	0.0	0.0	0.0	0.0	0.0	0.0	0.0	0.0	0.0	0.0
36	布袋尋常小学校	内地	男	7	10	10	12	12	13	16	17	20	20	25	27	22
			女	10	10	10	9	8	11	26	19	29	26	21	22	23
		本島	男	0	0	0	0	0	2	0	3	2	0	1	1	1
			女	0	0	0	0	0	0	0	0	1	0	0	0	2
		小計		17	20	20	21	20	26	42	39	52	46	47	50	48
		本子比(%)		0.0	0.0	0.0	0.0	0.0	8.3	0.0	8.3	6.1	0.0	2.2	2.0	6.7

学校名			T,12	T,13	T,14	T,15	S,2	S,3	S,10	S,11	S,12	S,13	S,14	S,15	S,16
	内地	男	2100	2142	2216	2298	2409	2562	3361	3412	3449	3460	3573	3568	3517
		女	2141	2231	2175	2250	2322	2510	3152	3183	3244	3308	3463	3458	3479
	本島	男	264	265 朝1/高1	289 高1	299 高1	309	294	319 朝2/高1	330 朝1/高1	363 朝3/高1	355 朝1/高1	371 朝1/高1	395	418 高1
		女	92 朝1	91	99	102	97	94	142 朝2	157	173 朝2	201 朝2	225 朝3	249 朝3/高1	280 朝3/高1
	総計		4598	4731	4780	4950	5137	5460	6979	7084	7233	7330	7637	7674	7699
	本島人男児比（%）		12.6	12.4	13.0	13.0	12.8	11.5	9.5	9.7	10.5	10.3	10.4	11.1	11.9
	本島人女児比（%）		4.3	4.1	4.6	4.5	4.2	3.7	4.5	4.9	5.3	6.1	6.5	7.2	8.0
	本島人子弟比（%）		8.4	8.1	8.8	8.8	8.6	7.6	7.1	7.4	8.0	8.2	8.5	9.2	10.0

註
・大正12～13年『台南州管内学事一覧』台南州内務部教育課、大正14～昭和3年『台南州学事一覧』台南州内務部教育課、昭和4～16年『台南州学事一覧』台南州教育課より作成。
・昭和3年までの一覧は高等科児童数も合算。昭和4年以降は尋常科高等科別表を合算。
・年度始めの数値が使用されているが、栄村尋常小学校昭和13年度統計のみ年度途中のため合計に入らず。
・本島人子弟数値欄内の「朝」は朝鮮人子弟、「高」は山地民族をさす、一部「蕃」も使用されていた年も見られたが「高」で統一した。
・学校名称は大正12年度に載るものを使用、昭和16年度から国民学校名に変更している。
・各校の小計欄下は「本島人子弟比（%）」。

〈資料２〉 台南南門小学校　内地人・本島人子弟の学年別男女別在籍者数

学　年		男　児		女　児		小　計		合計
		内地人	本島人	内地人	本島人	内地人	本島人	
大正4年4月 1915年 3学年3学級	1	9	0	36	0	45	0	45
	2	27	0	21	0	48	0	48
	3	28	0	12	0	40	0	40
	小計	64	0	69	0	133	0	133
大正5年4月 1916年 4学年6学級	1	77	0	76	0	153	0	153
	2	19	0	29	0	48	0	48
	3	39	0	12	0	51	0	51
	4	33	0	16	0	49	0	49
	小計	168	0	133	0	301	0	301
大正6年4月 1917年 5学年8学級	1	44	0	51	0	95	0	95
	2	59	0	58	0	117	0	117
	3	28	0	25	0	53	0	53
	4	37	0	13	0	50	0	50
	5	33	0	18	0	51	0	51
	小計	201	0	165	0	366	0	366
大正7年4月 1918年 6学年10学級	1	50	0	56	0	106	0	106
	2	46	0	47	0	93	0	93
	3	57	0	45	0	102	0	102
	4	27	0	28	0	55	0	55
	5	36	0	20	0	56	0	56
	6	28	0	18	0	46	0	46
	小計	244	0	214	0	458	0	458
大正8年4月 1919年 6学年12学級	1	45	0	63	0	108	0	108
	2	53	0	48	0	101	0	101
	3	52	0	39	0	91	0	91
	4	54	0	51	0	105	0	105
	5	35	0	31	0	66	0	66
	6	38	0	27	0	65	0	65
	小計	277	0	259	0	536	0	536
大正8年5月 1919年 6学年16学級	1	64	0	84	0	148	0	148
	2	77	0	71	0	148	0	148
	3	70	0	66	0	136	0	136
	4	70	0	61	0	131	0	131
	5	36	0	31	0	67	0	67
	6	39	0	27	0	66	0	66
	小計	356	0	340	0	696	0	696
大正9年4月 1920年 6学年17学級	1	72	0	83	0	155	0	155
	2	65	0	75	0	140	0	140
	3	62	5	72	0	134	5	139
	4	64	1	55	0	119	1	120
	5	67	0	61	0	128	0	128
	6	34	1	34	0	68	1	69
	小計	364	7	380	0	744	7	751

	学年	男児		女児		小計		合計
		内地人	本島人	内地人	本島人	内地人	本島人	
大正10年4月 1921年 6学年18学級	1	90	4	85	0	175	4	179
	2	73	1	71	0	144	1	145
	3	73	0	74	0	147	0	147
	4	62	10	70	0	132	10	142
	5	62	12	64	1	126	13	139
	6	61	2	61	1	122	3	125
	小計	421	29	425	2	846	31	877
大正11年4月 1922年 6学年18学級	1	73	0	93	1	166	1	167
	2	89	3	79	0	168	3	171
	3	79	4	77	2	156	6	162
	4	76	1	72	3	148	4	152
	5	63	17	65	4	128	21	149
	6	61	15	63	1	124	16	140
	小計	441	40	449	11	890	51	941
大正12年4月 1923年 6学年19学級	1	97	3	86	4	183	7	190
	2	71	0	88	1	159	1	160
	3	86	6	80	3	166	9	175
	4	75	14	75	4	150	18	168
	5	70	2	77	4	147	6	153
	6	64	20	62	9	126	29	155
	小計	463	45	468	25	931	70	1001
大正13年4月 1924年 6学年19学級	1	79	3	88	4	167	7	174
	2	98	3	82	4	180	7	187
	3	76	1	83	1	159	2	161
	4	84	8	83	3	167	11	178
	5	73	14	77	4	150	18	168
	6	75	2	73	4	148	6	154
	小計	485	31	486	20	971	51	1022
大正14年4月 1925年 6学年19学級	1	98	0	96	0	192	0	192
	2	70	0	89	0	159	0	159
	3				2	190	2	192
	4					167		167
	5		4		1	162	5	167
	6					153		153
	小計					1023		1030
大正15年4月 1926年 6学年20学級	1	84	6	77	2	161	8	169
	2	88	4	93	3	181	7	188
	3	69	7	82	8	151	15	166
	4	98	14	80	6	178	20	198
	5	68	2	81	3	149	5	154
	6	77	9	66	2	143	11	154
	小計	484	42	479	24	963	66	1029
昭和2年4月 1927年 6学年21学級	1	97	6	83	1	180	7	187
	2	83	5	73	3	156	8	164
	3	90	5	88	3	178	8	186
	4	69	11	85	7	154	18	172
	5	97	14	76	6	173	20	193
	6	72	2	77	3	149	5	154
	小計	508	43	482	23	990	66	1056

	学　年	男　児		女　児		小　計		合計
		内地人	本島人	内地人	本島人	内地人	本島人	
昭和3年4月 1928年 6学年22学級	1	111	6	107	4	218	10	228
	2	104	6	81	1	185	7	192
	3	84	5	78	0	162	5	167
	4	86	5	96	3	182	8	190
	5	73	12	91	8	164	20	184
	6	101	14	75	6	176	20	196
	小計	559	48	528	22	1087	70	1157
昭和4年4月 1929年 6学年22学級	1	116	5	106	6	222	11	233
	2	110	7	105	4	215	11	226
	3	96	10	82	1	178	11	190
	4	91	7	81	4	172	11	183
	5	91	6	91	5	182	11	193
	6	74	12	95	8	169	20	189
	小計	578	47	560	28	1138	75	1213
昭和5年4月 1930年 6学年23学級	1	108	8	113	5	221	13	234
	2	112	6	106	6	218	12	230
	3	109	7	102	5	211	12	223
	4	92	10	77	1	169	11	180
	5	93	8	79	4	172	12	184
	6	94	6	89	5	183	11	194
	小計	608	45	566	26	1174	71	1245
昭和6年4月 1931年 6学年23学級	1	122	5	103	4	225	9	234
	2	97	8	105	5	202	13	215
	3	114	7	115	6	229	13	242
	4	106	8	101	5	207	13	220
	5	89	11	85	4	174	15	189
	6	98	9	76	2	174	11	181
	小計	626	48	585	26	1211	74	1285
昭和7年4月 1932年 6学年23学級	1	128	6	98	2	226	8	234
	2	122	6	108	4	230	10	240
	3	102	8	103	5	205	13	218
	4	112	7	114	6	226	13	239
	5	103	8	105	5	208	13	221
	6	84	10	87	3	171	13	184
	小計	651	45	615	25	1266	70	1336

註
・南門小学校『沿革誌』より作成

〈資料３〉 台南南門小学校　内地人・本島人学級別在籍者数

学　年		男　児		女　児		小　計		合計	本島人児童比
		内地人	本島人	内地人	本島人	内地人	本島人		
大正12年4月 1923年 6学年19学級	1年1組	52	2	0	0	52	2	54	3.8
	1年2組	45	1	0	0	45	1	46	2.2
	1年3組	0	0	44	2	44	2	46	4.5
	1年4組	0	0	42	2	42	2	44	4.8
	2年1組	54	0	0	0	54	0	54	0
	2年2組	17	0	36	0	53	0	53	0
	2年3組	0	0	52	1	52	1	53	1.9
	3年1組	55	4	0	0	55	4	59	7.3
	3年2組	31	2	26	1	57	3	60	5.3
	3年3組	0	0	54	2	54	2	56	3.7
	4年1組	51	7	0	0	51	7	58	13.7
	4年2組	24	7	21	0	45	7	52	15.6
	4年3組	0	0	54	4	54	4	58	7.4
	5年1組	47	2	0	0	47	2	49	4.3
	5年2組	23	0	27	2	50	2	52	4.0
	5年3組	0	0	50	2	50	2	52	3.7
	6年1組	41	10	0	0	41	10	51	24.3
	6年2組	23	10	17	0	40	10	50	25.0
	6年3組	0	0	45	9	45	9	54	20.0
	小計	463	45	468	25	931	70	1001	7.5
大正15年4月 1926年 6学年20学級	1年1組	48	3	0	0	48	3	51	6.3
	1年2組	36	3	24	0	60	3	63	5.0
	1年3組	0	0	53	2	53	2	55	3.8
	2年1組	46	2	0	0	46	2	48	4.3
	2年2組	42	2	0	0	42	2	44	4.8
	2年3組	0	0	48	1	48	1	49	2.1
	2年4組	0	0	45	2	45	2	47	4.4
	3年1組	48	5	0	0	48	5	53	10.4
	3年2組	21	2	29	3	50	5	55	10.0
	3年3組	0	0	53	5	53	5	58	9.4
	4年1組	54	7	0	0	54	7	61	13.0
	4年2組	44	7	0	0	44	7	51	16.0
	4年3組	0	0	38	2	38	2	40	5.3
	4年4組	0	0	42	4	42	4	46	9.5
	5年1組	49	2	0	0	49	2	51	4.1
	5年2組	19	0	27	1	46	1	47	2.2
	5年3組	0	0	54	2	54	2	56	3.7
	6年1組	49	5	0	0	49	5	54	10.2
	6年2組	28	4	18	1	46	5	51	10.9
	6年3組	0	0	48	1	48	1	49	2.1
	小計	484	42	479	24	963	66	1029	6.9

学年		男児		女児		小計		合計	本島人児童比
		内地人	本島人	内地人	本島人	内地人	本島人		
昭和4年4月 1929年 6学年22学級	1年1組	60	2	0	0	60	2	62	3.3
	1年2組	56	3	0	0	59	3	62	5.1
	1年3組	0	0	53	2	53	2	55	3.8
	1年4組	0	0	53	4	53	4	57	7.5
	2年1組	57	4	0	0	57	4	61	5
	2年2組	53	3	0	0	53	3	56	5.7
	2年3組	0	0	52	2	52	2	54	3.8
	2年4組	0	0	53	2	53	2	55	3.8
	3年1組	46	5	0	0	46	5	51	10.9
	3年2組	0	0	46	1	46	1	47	2.2
	3年3組	0	0	40	1	40	1	41	2.5
	3年4組	0	0	42	1	42	1	43	2.4
	4年1組	59	4	0	0	59	4	64	6.8
	4年2組	32	3	26	0	58	3	61	5.2
	4年3組	0	0	55	4	55	4	59	7.3
	5年1組	46	3	0	0	46	3	49	6.5
	5年2組	45	3	0	0	45	3	48	6.7
	5年3組	0	0	49	2	49	2	51	4.1
	5年4組	0	0	49	2	49	2	51	4.1
	6年1組	52	10	0	0	52	10	62	20.4
	6年2組	22	2	32	3	54	5	59	9.3
	6年3組	0	0	63	5	63	5	68	7.9
	小計	578	47	560	28	1138	75	1213	6.6
昭和7年4月 1932年 6学年23学級	1年1組	65	2	0	0	65	2	67	3.1
	1年2組	63	4	0	0	63	4	67	6.3
	1年3組	0	0	46	1	46	1	47	2.2
	1年4組	0	0	52	1	52	1	53	1.9
	2年1組	63	3	0	0	63	3	66	4.8
	2年2組	59	3	0	0	59	3	62	5.1
	2年3組	0	0	61	1	0	0	62	0.0
	2年4組	0	0	47	3	47	3	50	6.4
	3年1組	51	4	0	0	51	4	55	7.8
	3年2組	51	4	0	0	51	4	55	7.8
	3年3組	0	0	50	3	50	3	53	6.0
	3年4組	0	0	53	2	53	2	55	3.8
	4年1組	57	3	0	0	57	3	60	5.3
	4年2組	55	4	0	0	55	4	59	7.3
	4年3組	0	0	56	2	56	2	58	3.6
	4年4組	0	0	58	4	58	4	62	6.9
	5年1組	52	5	0	0	52	5	57	3.8
	5年2組	51	3	0	0	51	3	54	5.9
	5年3組	0	0	53	3	53	3	56	5.7
	5年4組	0	0	52	2	52	2	54	3.8
	6年1組	58	6	0	0	58	6	64	10.3
	6年2組	26	4	25	3	51	7	58	13.7
	6年3組	0	0	62	0	62	0	62	0.0
	小計	651	45	615	25	1266	70	1336	5.5

註
・南門尋常小学校『沿革誌』より作成。
・学級名の１組、２組の名称は書かれてなく、筆者の責任でつけた。
・年度初めの在籍者数、担任氏名が書かれている。

〈資料4〉台南州と全島の共学生割合

	台南州			全島		
	内地人子弟 (人)	共学生 (人)	割合 (%)	内地人子弟 (人)	共学生 (人)	割合 (%)
大正12（1923）	4241	356	8.4	23466	811	3.5
大正13（1924）	4373	356	8.1	23787	935	6.9
大正14（1925）	4391	388	8.8	24782	1083	4.4
大正15（1926）	4548	401	8.8	25896	1175	4.5
昭和2（1927）	4731	406	8.6	27435	1272	4.6
昭和3（1928）	5072	388	7.6	29624	1364	4.6
昭和4（1929）	*	*	*	31709	1368	4.3
昭和5（1930）	*	*	*	34122	1619	4.7
昭和6（1931）	*	*	*	34287	1884	5.5
昭和7（1932）	*	*	*	37984	2187	5.8
昭和8（1933）	*	*	*	39344	2374	6.1
昭和9（1934）	*	*	*	40642	2506	6.2
昭和10（1935）	6513	461	7.1	41491	2702	6.5
昭和11（1936）	6595	487	7.4	42576	2975	7.0
昭和12（1937）	6693	536	8.0	43671	3205	7.3
昭和13（1938）	6768	556	8.2	41247	3358	8.1
昭和14（1939）	7036	569	8.5	41928	3503	8.4
昭和15（1940）	7026	644	9.2	45692	3836	8.4
昭和16（1941）	6996	698	10.2	45779	4135	9.0
昭和17（1942）	*	*	*	47776	5356	11.2

註
・台南州は『台南州管内学事一覧』『台南州学事一覧』より
・全島は『台湾総督府学事年報』『台湾総督府統計書』より

Ⅲ. 研究ノート

「満州国」道徳教科書に見られる
国民像と女性像
—— 『修身』と『国民道徳』を中心——

王 雯雯*

はじめに

　1931 年、大日本帝国は中国の東北三省を占領し、傀儡国家「満州国」を樹立した[1]。初期の日本帝国主義は中国人の民族意識に対抗せんがため、中国の伝統的な思想を以て植民地支配を行った[2]。「満州国」では、『論語』・『孟子』などの儒家経典が教科書として使用されるとともに、「民族協和」、日満不可分の関係が強調された。また、日本の支配下にあった「満州国」政権は女性教育に関心を示し、専門的な科目を設置するとともに、女性を「良妻賢母」に育成することを目的とする、女性の中等教育専用の教科書を出版した[3]。

　しかし、1936 年から 1941 年にかけて「満州国」の教育内容が変化した。これは当該時期において「満州国」統治が安定するとともに、日本の超国家主義の思想が強くなったことで、日本から「満州国」への経済的要求が強くなったことが背景にある。そして、石原莞爾の「満州産業開発五ヶ年計画」の経済政策に順応し、且つ各産業の人材を速やかに育成するために、当局は 1937 年に新学制を公布した。それにより基礎教育の年限が 2-4 年短縮され、教科書における四書五経に関する内容も廃止された[4]。1941 年 12 月に太平洋戦争が勃発すると、「満州国」の経済政策は戦争への寄与や貢献に集中し、「総合国力増強」の方針は「戦力優先」へと変わった[5]。1942 年には「基本国策大綱」が公布され、それにより国民皆労体制が確立されたことにより、文教振興が民度向上や国力充実に対してきわめて重要なことが示された。その後、間もなく「学生

＊九州大学大学院地球社会統合科学府・博士後期課程

勤労奉公法」が公布され、性別を問わず中学生と大学生も「勤労奉公運動」に動員された[6]。このように、植民地教育は日本の「満州国」植民地支配の過程において重要な役割を果たした。

「満州国」教育に関する先行研究は、主に帝国主義の視点から分析が試みられ、教育の政策・方法・内容・システム・教科書等の分析を通して植民地教育の特徴を検討してきた[7]。このような研究により、日本の統治者が「満州国」教育を作り上げた手法が明らかにされ、植民地支配と時局に相応しい「忠良」「人材」の育成方法も解明された。これらの研究は重要であり参考にする必要がある一方、女性教育の研究が周縁化され、中国人が使用・学習する教科書の分析は看過されてきた。

中国の先行研究をみると、東北師範大学教育科編纂『偽満奴化教育』においては「満州国」教育を「奴化教育」と位置付けている。王野平は当時の日本統治者の植民地政策と経済指針に基づいて、「満州国」教育の歴史を早期植民地教育、新学制の植民地教育、戦時体制下の植民地教育という三つの時期に区分した。王智新編『日本の植民地教育：中国からの視点』では、多くの中国人学者が「満州国」王道教育や教員の管理・養成、奴隷化教育などを研究し、「満州国」教育の実施者と方法について詳しく分析した。特に王智新は、日本の統治者が植民地教育の実施者に対して「建国精神」の思想訓練と思想監督を行い、満州国の植民地教育の正確な実行を確保しようとしたことを明らかにした。『中国女性教育通史』は、「満州国」の中国人女子教育システムにおける初等教育、中等教育、師範教育、実業教育、留学教育の各カテゴリーの特徴について概括的な分析を行った。拙稿においては「満州国」における中国女子中等教育の成り行きと特徴を考察して、早期の「満州国」の女子教育は小学教育・師範教育をメインとするが、1937年の新学制公布後は職業教育に偏重し始めたことを明らかにした。

日本の先行研究をみると、野村章は、「満州国」の教育本質は「皇民化教育」であると指摘している[8]。竹中憲一は、在満の異なる民族が受けた教育を、対象を「満洲国」から関東州、南満州鉄道付属地まで拡大して分析した。蘇林と佐々木啓は「満州国」の教育政策を分析し、「満州国」の女性教育の目的は「良妻賢母」にさせることだと指摘し、これらの先行研究により、「満州国」教育の本質は植民地支配を目的としたことが明

らかになった[9]。

　しかし、その教育が目指した女子生徒の国民意識については分析が十分とはいえない。これは、国民の一員としての女性の「国民像」が常に軽視されてきたことに要因があろう。また、植民者の視点から植民地の女性像を分析する研究は、女性の思想に集中している傾向が見られ、国民像と女性像との関係およびその影響についてはほとんど注意が払われてこなかった。女性像の分析は、植民地の女性教育を解明するために欠かせない視角である。

「満州国」の道徳教科書によって、教育を受ける者の人格、女性の思想及び愛国心を育成することは「満州国」教育体系において重要な地位を占めている。しかし、教科書による女性像の育成に関する問題点は、これまで重視されていない。「満州国」教科書については、日本語教科書、歴史教科書及び教科書と産業開発との関係に着目した研究が突出している[10]。例えば、焦潤明と白宇は『歴史』と『国語』の教科書を検討し、植民文化が中国人学生に対する思想的侵略であったことを指摘した[11]。槻木瑞生は関東州・満鉄付属地・「満州国」の教科書の使用状況をまとめて検討した[12]。槻木は中国人が使用した『国語』教科書の分析を通し、教科書分析が植民地教育の検討に有効であることを証明したものの、道徳教科書に着目した研究はまだ見られない。その理由は、関連史料が不足しているためであると考えられる。教科書中の女性像については、あまり検討されてこなかったが、教科書の内容が日本の植民地戦略の変化に伴い変わっていったことは看過すべきでない。こうした変化の中で、「満州国」の道徳教科書『国民道徳』『修身』における中国人像と女性像を検討すると、道徳教育が学生の思想を形作り、日本の植民地統治に貢献していることを明らかにできるであろう。

　本稿では、日本の植民者が植民地教育の中で、女性像と国民像に対していかなる立場をとったかを考察する。そのために、調査方法として1932年から1942年の10年間に使われた『修身』と『国民道徳』という2教科の教科書を取り上げ、教科書の課を内容別に分け、各カテゴリーの割合を分析した上で、教育思想の特徴を総括する。具体的には、初級小学校『修身』第一冊[13]、初級小学校『修身』第二冊[14]、初級小學校『修身』第三[15]、同、四冊[16]，高級小學校『修身』上冊[17]、高級小學校『修

身』下冊[18]、初級中学校『修身』上冊[19]、同、中冊[20]、同、下冊[21]、前掲、女国高『国道』[22]、『修身』および『国民道徳』の二種類の計10冊の教科書を分析対象とした。

とりわけ、女子国民高等学校用教科書、つまり女国高『国道』は現存史料が少なく、貴重である。分析においては、①植民地「満州国」で宣伝した国家像とその内容、②植民地教育において宣伝した女性像の特徴、③植民地における女性像と新しい国民像との相互作用という、3つの視点を設定する。本研究は、『修身』と『国民道徳』の各教科書で述べられている女性思想と国民思想の考察を通じて、植民地支配者が望んだ「女性像」と「国民像」を分析する。それにより、日本の統治者が道徳教育によってどのように植民地支配にふさわしい国民を育成しようとしていたのかを明らかにする。本研究は、ジェンダーの視点と教科書における道徳内容から、植民地支配者が男性と女性の思想をいかに形作ったのかを分析し、女性教育が植民地の統治に重要であることを示すものである。

1．日本の国民道徳

まず、日本の国民意識がどのように形作られたか概観しよう。1879年、大日本帝国は「学制」を廃止し、新たに「教育令」を公布した。「学制」は、仁義忠孝を培い、皇室に忠誠を誓い、祖国を愛する意識を啓培するような道徳教育を行うことを指標に、初めて打ち出された法令であった[23]。1890年10月、明治天皇が「教育ニ関スル勅語」を発表し、それにより天皇制軍国主義教育体系が確立された。そして、1900年の全国高等女学校長会議は、文部省に修身教科書の編纂を初めて提案した。これにより、翌年、文部省主導のもと中島力造・篠田利英編纂『高等女学校修身教科書』と井上円了『中等女子修身書』が刊行された。1908年には第二期国定教科書が使用され始め、同教科書において「国民道徳論」を徹底して強化することが提唱された。

上記の点について、江島顕一は、明治時代の日本の哲学者井上哲次郎が日本の国民教育における巨大な影響力を持つことを認め、井上の国民道徳理論は主に君主に忠義を尽くす「忠孝道徳」、および「個別家族制

度」と「総合家族制度」とを結合した家族制度の存在が、前提としての「忠孝一本」の論理によって構成されたと論じた[24]。山崎雄治は、1920年における日本の国民道徳の特異性が皇室中心主義にあり、その主な内容は「忠孝一本・忠君愛国の一致・祖先崇拝」であると指摘した[25]。蔵澄裕子は、修身教科書が日本の道徳教育において天皇制国家のアイデンティティ作りにおいて中心に位置していると指摘した[26]。

　姜華と小山静子は、日本の女子修身教科書が女子生徒の国家意識や女性意識の養成に対して重要な役割を果たしたと論じている。姜は明治後期の女子修身教科書を考察し、教科書に掲載された良妻賢母の姿に国家主義のアイデンティティの自覚性が潜んでおり、女性は妻と母の役を演じるとともに国家に献身すべきだという論理があることを指摘した[27]。小山は修身教科書中の「良妻賢母」像の変遷を、1911年以前、1911-1920年、1920-1932年の三つの時期に区分した[28]。第一次世界大戦後、修身教科書の女性像は、それまでの性別役割分業を修正し、働く女性を奨励した。社会に進出し、労働に従事した女性の経済的地位は徐々に向上し、女性は夫や息子などを通じて外界と交流するのではなく、社会と国家活動に直接参加できるようになった[29]。以上の研究史からわかるように、「満州国」成立に伴い、日本の「国民道徳論」が伝えられ、且つ「満州国」の国民意識独自の特徴を持つようになった。

2.「満州国」の植民地教育における国民像と女性像

　次に、「満州国」の教育において、どのような国民像と女性像が作られたか考察していく。「満州国」教育の主な特徴として、道徳教育、知識教育、実業教育の三つがあげられる。これらのうちで道徳教育は最も重要である。満洲帝国国務院総務省情報処編『国勢パンフレット・新学制の大要』においては、「我国教育の根本方針は建国の理想と国体の特異性に鑑み旺盛なる国家観念と「建国精神」を体認し忠誠奉公の誠を挺んづる忠良なる国民の養成を以て眼目とするものである」[30]とされている。また、「満州国」民生部教育司『満洲国教育概要』においては「現在關於我国教育的重點」と題した文書を発表し、「教育的目的是陶冶国家的歴史的

使命国民」とし、特に「満州国」学校教育における国民像に関する教育の重要性を強調した[31]。加えて、「民族精神の育成」は教育の核となる目標であると説き、民族精神習得の三つの側面、即ち①「建国の意義」、②「公衆に対する奉仕」、③「情操の陶冶」に言及した[32]。

　道徳教育といえば、それは国家に対する忠誠心、つまり国民意識を養うことであり、「修身」は道徳教育を行う主要な「場」であった。周紹田は「修身指導の研究」の中で、「「修身」という課程は道徳教育のシステムの中心であり、他の課程にも繋がっているという地位であった」と述べていた[33]。

　科目としての「修身」は、1934年から1937年まで初等学校及び中等学校の教科課程・学科課程として設置されている。1937年11月の新学制発表後、「修身」は「満語」、「日本語」、「歴史」、「地理」、「公民」などの科目と統合され、「国民科」に改められた。道徳教育も単独授業ではなくなり、修身教科書の固有の使命も終わった。その原因は、道徳授業が生徒にあまり人気がなかったためである。高尾善一は「国家観念と精神教育」の中で、「修身科目での訓話効果は記念日や校長の訓話効果より大変低く、学生は聞いているふりをし、実に全く重視していなかった」[34]と述べ、他の科目の中で訓話教育も扱う必要があるとした。それにもかかわらず、中等学校学科課程中に道徳教育に関する科目が残り、「修身」は「国民道徳」に変更され、他の科目より重要な位置づけを与えられた。しかし、戦時体制下の精神教育科目「建国精神科」は、「満州国」学生の国民意識の養成において中心となる[35]。1943年以降、初等教育の道徳教育新教科書として『建国精神』が使用され始め、中等教育では『国勢』教科書も使用されることになった。1940年以後の男子学校と女子学校の「建国精神」科目の授業時数は5％から12.5％まで増加し、勤労奉公の時間は35日から3ヶ月まで増加した[36]。1944年10月に「満州国」文教部発布の訓令「国民高等学校建国精神教授要目制定之件に関して」には、「建国精神」の指導原則と内容が明確に規定され、「建国精神」を精神教育の中心としていた[37]。

　新学制の国民高等学校に関する規定では「国民道徳科は忠良なる国民たるの信念を涵養するを以て要旨とす」[38]と明記され、国民道徳科目の目的は忠誠心たる国民意識の養成であることが明確にされた。また、「国

民道徳科は婦徳を涵養し忠良なる国民たるの信念を涵養するを以て要旨とす」[39]とも記され、女性に対しては、国民意識を養った上で「婦徳」を養うことも必要であると記された。したがって、国民道徳科目は「満州国」教育の中で、国民意識及び女性意識を養う重要な科目であったと言える。

　修身科目で使われた教科書は、国民像を培養するために有効な道具である。雑誌『奉天教育』掲載の「教科書の趣旨及び講習会議記録」の中では、「道徳教科書、つまり修身教科書第1冊と第2の編集は必ず子供の道徳教育を養うべきである」と記された[40]。

　第3冊と第4冊の中では、国民像教育が中心となった。「満州帝国の国民意識の培養」では、「満州帝国臣民意識の育成において留意すること。その主な体現は3つある。1我が帝国に対する正確な認識。2子供の君主に対する忠実さと愛国心の養成。3日本と満州国の親密な関係について、子供に十分な認識を形成させること。」（留意於満洲帝国臣民意識之陶冶, 主要体現在3個方面。1務使兒童對於我帝国具有正確的認識。2養成兒童忠君愛国之觀念。3満日両国親密之關係, 務期兒童充分了解之。）と述べられた[41]。「満州国」の国民像を作り出すために、修身教科書を編集する際、ある特別な原則を守らなければならない。すなわち、8歳以上の子どもに対し、その満州国民意識を向上させることである。こうした原則に言及した課が前記の雑誌記事にも掲げられ、その目的は満州帝国の国民像の培養であると主張された[42]。

　また、「女子教育」の方針も示された。前掲『国勢パンフレット・新学制の大要』の学校教育の要点・第八点には「女性教育に於いては婦徳の涵養に努め良妻賢母たる使命を果し得る如く特に実務的訓練を施す」[43]と記述がある。「満州国」教育体系では、初等教育は男女共学である一方、中等教育は男子校と女子校に分けられていた。このため、中等教育では女子生徒専用の特殊教材が使用された。例えば、女子国民高等学校教科書『国民道徳』が挙げられる。統治者は、女性の婦徳及び良妻賢母などの特別な女性像を養うことを重視した。女性像は女子教育において最も重要な論点となる。こうした女性像は国民道徳科目及び道徳教科書中に示された。

　したがって、修身科用教科書の分析は教育体系の研究、国民像及び女

性像に関する研究に有効である。本稿で取り上げる「満州国」道徳教科書は、初級・高級小学校から中学校及び女子中学校にかけてのものである。以上の国定教科書は初等教育用及び中等教育用であり、出版時期は1932-1935年と1936-1942年の二期に分けることができる。また、10冊の教科書の課は、内容によって次の4項目に分けられる。すなわち、「修養」、「女の務め」、「国家と個人」、「建国精神」、である。特については、後述するように、さらに「王道主義」、「民族協和」、「日本精神」、日満関係の四つの理念から構成されている。以上の分類に従い、教科書女国高『国道』の内容を分析した結果を〈表1〉に示す。

次に、上記の～を検討しよう。

修養

修養には、教科書初中『修』上に「身體修養」と初中『修』下に「職業選択」、「職業修養」および「人格修養」に関する課が収録されている。「人格修養」の中に「為女子者，苟能應女子之境遇，而盡其本務。亦可發揮女子特有之人類性，以期其人格之自立也。」（女性として、仮に置かれている状況に応じることができれば、自身の務めを全うすることになる。また、女性「特有之人類性」を発揮することにより、人格の自立を期待

〈表1〉 教科書女国高『国道』で扱われたテーマ一覧

	テーマ	類　別		テーマ	類　別
	建国宣言		第8課	友邦之仗義援助	日満関係
	執政宣言		第9課	皇帝之即位	日満関係
	即位詔書		第10課	回鑾訓民詔書	日満関係
	回鑾訓民詔書		第11課	天壌無窮之国家	日本精神、国家と個人、女の務め
第1課	中堅女子	国家と個人、女子の務め	第12課	歴代天皇之御仁慈	日本精神
第2課	學生之本分	国家と個人	第13課	国民之忠誠	国家と個人、日本精神
第3課	青年與修養	国家と個人	第14課	孝道之尊重	日本精神
第4課	報恩感謝	国家と個人	第15課	皇帝之宏謨	王道主義
第5課	自律與服従	国家と個人	第16課	国民之信念	日満関係
第6課	人生與国家	国家と個人	第17課	国家之清明	王道主義
第7課	我国之建国	日満関係	第18課	責任之尊重	女の務め、民族協和

出典：「各規則、規程」教育史編纂会著『明治以降教育制度発達史』第10巻、教育資料調査会、1964年（1939年初版）および、近代日本教育制度史料編纂会編『近代日本教育制度史料』第8巻、講談社、1956年

する）という文章が掲載されている。「女子特有之人類性」とは、すなわち女性の「特性」を指すといえよう。女国高『国道』をみると、第3課「青年與修養」と第4課「報恩感謝」に、「修養之根本者，乃報恩感謝之念也。」という記述があり、「自律與服從」には「青年服從和自律是修養不可缺少的」という記述がある。以上のように、教科書記述の分析により、国民道徳教科書における修養の重要性がわかる。「修養」は、本研究において四つの分野のうちでは第一の地位を占めている。その中で人格の育成、例えば恩返しの思想の育成に関する課は「修養」の枠に含まれていた。

女の務め

　教科書女国高『国道』の第1課「中堅女子」には、「女子最重要之任務，乃在為良妻而助丈夫，為賢母而教養子女，以創設健全之家庭。」（女性にとって最も重要な務めは「良妻」として主人を助け、「賢母」として子を教育し、健全な家庭を作ることである）という記述がある。初級中学校用『修身』上冊にある「理家」及び下冊にある「男女」にも、女性に関する記述が見られる。道徳教科書では、女子に関する内容の大部分が「女の務め」に関する内容であり、女子の家庭における務めと責任に関する内容が記されている。「女の務め」というタイトルは付されているが、実は女性の、男性とは異なる特別な意識の育成が企図されていたことが指摘できる。

国家と個人

　教科書高小『修』下の「自立自營」には「一国之中自立之人多則其国強盛…国民而不能自立即其国亦不能自立也。」と記されている。女国高『国道』の「學生之本分」には、「諸生學校生活之能否完全妥善，實為欲建設理想国家，而觀察国民之試金石」（生徒たちが、学校の規則を守るかどうかは、理想的国家を建設するための、国民を見極める試金石だといえる）と記されている。

　教科書において、個人と国家との関係に言及する内容は第三類「国家と個人」にまとめられている。特徴は、このような課の中にも、「女の務め」に関わる課が含まれていることである〈表2〉。例えば、教科書高小

『修』下第十一課「男女之任務」と女国高『国道』第一課「中堅女子」は、「女の務め」について述べるとともに、女性と国家の連携、女性の社会的責任と国家的責任についても言及している。したがって、このような課は第二類と第三類に属していることがわかる。

〈表2〉 教科書『修身』、『国民道徳』の内容的四分類表

教科書	第1類	第2類	第3類	第4類	
	修養	女の務め	国家と個人	建国精神	合計
初小『修』一 (1935)	31 (97%)	1 (3%)	0	0	32
初小『修』二 (1934)	32 (100%)	0	0	0	32
初小『修』三 (1937)	20 (71%)	0	4 (14%)	4 (14%)	28
初小『修』四 (1937)	18 (64%)	1 (第3類に含まれる)	2 (11%)	7 (25%)	28
高小『修』上 (1936)	16 (57%)	2 (その中の一本が第3類に含まれる) (7%)	7 (25%)	4 (14%)	28
高小『修』下 (1937)	11 (39%)	2 (その中の一本が第3類に含まれる)	12 (43%)	4 (14%)	28
初中『修』上 (1934)	9 (45%)	1 (5%)	10 (50%)	0	20
初中『修』中 (1934)	10 (50%)	(その中1から8まで8本が見当たらない)	10 (50%)	0	20
初中『修』下巻 (1934)	7 (35%)	2 (10%)	9 (45%)	2 (10%)	20
女国高『国道』(1942)	0	3 (第3類に含まれる)	6 (33%)	12 (67%)	18

注 1) 初中『修』(1934年版) 上、中、下は男子校にも女子校にも使われた。
　 2) 第3類と第4類は国家像に属する。
　 3) 該当数字は各種類が見られる文章の件数。百分率は各種類における文章が占めるパーセンテージ数。

建国精神

　教科書高小『修』上の第27課「建国精神」は、民族協和と王道主義を内容に含む。具体的には、「除原有之漢族，満族，蒙族及日本朝鮮各族外及其他国人原長久居留者得享平等之待遇，保障其應得之權利…實行王道主義。」(原住の漢族、満族、モンゴル族及び日本、朝鮮とその他の国民は、長期在留者としての平等な待遇と当然の権利を保障する…王道主義を実行する) と記されている。また、「学校令及学校規程」は、教育方針として「建国精神」と訪日宣召趣旨の徹底を掲げている。「日満一徳一心不可分の関係及民族協和の精神を体認せしめ東方道徳特に忠孝の大義を明にして旺盛なる国民精神…」と記されている[44]。こうした方針には、日満関係、東方忠孝の国民精神も含んでいる。

　以上のことから、1936以降は、「修養」に代わって「建国精神」が道徳教科書において重要な地位を占めていたといえる。前述の如く、「建国精神」は、①「民族協和」、②「王道主義」、③「日本精神」、④「日満関係」という四つの理念から構成されている〈表3〉。

〈表3〉　教科書『修身』と『国民道徳』に見られる建国精神に関する
　　　　文章及びその四つの下位分類

教　科　書	建国精神	王道主義	民族協和	日本精神	日満関係
初小『修』一（1935）	0	0	0	0	0
初小『修』二（1934）	0	0	0	0	0
初小『修』三（1937）	4（14%）	0	1（3%）	2（7%）	1（3%）
初小『修』四（1937）	7（25%）	0	1（3%）	5（17%）	1（3%）
高小『修』上（1936）	4（14%）	2（7%）	1（3%）	1（3%）	0
高小『修』下（1937）	4（14%）	1（3%）	0	3（10%）	2（7%）
初中『修』上（1934）	0	0	0	0	0
初中『修』中（1934）	0	0	0	0	0
初中『修』下（1934）	2（10%）	1（5%）	1（5%）	0	0
女国高『国道』（1942）	12（67%）	2（10%）	1（5%）	4（22%）	5（27%）

　次に、この四つの理念についてそれぞれ分析を加える。

① 「民族協和」について、例えば高小『修』上の第18課「協和」、及び
　女国高『国道』の第18課「責任之尊重」は、個人責任と民族協和
　との関係を論じている。この点については重要なテーマの一つでは
　あるものの、本稿においては煩雑を避けるため、「協和」について
　論じることは控える。

② 「王道主義」に関して、例えば、「王道」をテーマにする「王道要義」
　[45] がある。それ以外に、「御極大典」[46] には「萬民謳歌王道，東亞
　咸稱樂土。」という記述があり、「皇帝之宏謨」[47] には「皇帝的仁德
　…王者之道。」という記述がある。「国家之清明」[48] には、「国家如
　值清明之世，則登用良善，斥去邪惡，國民亦可各安其生，各樂其業，
　王道樂土，自易實現。」（晴明の時代にあり、国家が善良な者を登用
　して邪悪な者を排斥すれば、国民は安心して暮らせ、王道楽土も容
　易に実現できる）という記述も見られる。以上の課は、全て「王道
　主義」概念に含まれる。

　教科書において、日本の人物と文化及び精神に関する課は、③「日本
精神」という枠に含まれる。例えば、日本の天皇に関する課「孝道之尊
重」[49] は、日本の孝道と忠孝一致を論じている。それ以外に、「歴代天皇
之御仁慈」[50]、日本教育に関する課「日本教育敕語」[51] および日本の人
物、吉田松陰に関する課「自信」[52] も同様に「日本精神」の項目に属し
ている。

　「日満関係」には、例えば「親仁善鄰」[53] と「友邦之仗義援助」[54] とい

う文書がある。それ以外に「皇帝訪日」[55]をみると、「日本大力援助，不惜退出国際聯盟」と記されている。

　本稿では、道徳教科書の内容について考察と分析を行った。〈表2〉は道徳教科書において国民像と女性像に関する課の全体に占める割合を示したものである。これにより各時期に重視された国家像が明らかになる。また、国民像と女性像の変容なども〈表2〉から看取できる。いずれの時期においても、女性の性役割思想に関する課が一篇もしくは二篇含まれていた。しかし、女性の性役割に関する内容が占める割合はほとんど変化していない。注目すべき傾向は、1936年以前の教科書に女性像に関する内容があり、国民像に関しては言及されなかったのに対し、1936年以降の教科書では女性像は国民像と緊密であるとされる。

　一方、各時期の道徳教科書における国民像の内容が占める割合は大きく変化していた。1934年版道徳教科書には「建国精神」に関する文章がなく、大部分は国家と個人の関係に関する文章であった。それ以外は勤労、孝道、貯蓄、国家への奉仕、公益、公共道徳、習慣など、修養の徳目に関する文章であった。

　ところが、1936年から徐々に「建国精神」に関する内容が道徳教科書に出現し始め、1942年にその割合が急増した〈表2〉。具体的に「建国精神」に関する内容の課の篇数をみると、初等学校では0から7に増加し、中等学校では0から12まで増加した。1942年版の女国高『国道』を例にとれば、三分の二が「建国精神」に関わる内容であり、それ以外の課は国家と個人の関係あるいは自身の修養に関する内容であった。このように、1936年を境に、道徳教科書は国家と「建国精神」に関する内容を重点的に掲載し始めたことを指摘できる。

　もう一点、特徴的な変化を指摘することができる。内容を個人的修養に限定した課の数は初等学校道徳教科書において1934年から1936年の間に半減し、1942年段階では皆無に近くなった〈表2〉。これらの教科書においては個人的修養に関する文章が大部分削除され、国民像を強調した文章に置き換えられた。例えば、1934年初中『修』上では「自制力」という課があったが、1942年版女国高『国道』では表題が「自制と服従」に替えられた。この二冊の教科書は同じく「自我抑制」を掲載したが、後者は「服従」に関する内容を加え、国家と個人の関係を重んじる

傾向が見られる。また、教科書の命名に関して、1934年までは『修身』
であったが、1942年では『国民道徳』と改名され、冒頭では「即位詔書」、
「詔書」、「執政宣言」、そして「建国宣言」及び「回鑾訓民詔書」という
国家的公文書までが収められた。

　以上、「満州国」で使用された教科書を校種と時期に留意して分析した
結果、植民主義思想の内容が時間の推移とともに変化していくことが分
かる。「満州国」成立以後、次第に道徳教科書から中国の伝統的な修養に
関する内容が減少し、その代わりに日本植民主義教育に関する内容が増
加した。日本精神を説明する文章と、日本と「満州国」との親密な関係
とその意義を強調する文章が多くなったのがその一例であり、大日本帝
国は「建国精神」の宣伝をますます重視していたことが窺える。

　1936年以降も、修養に関する課は道徳教科書において依然として大部
分を占めていた。ただし、扱う内容は変化した。1934年まで、修養に関
する内容は人間としての在り方などの教育であり、その主旨は学生の個
人的な道徳を育成することであった。しかし、1936年以降は修養に関
する内容が国家像と結びつけられていた。例えば、1937年版高小『修』
下には、「一家団欒」、「社交」、「公共秩序」、「求知能」といった課が教
科書目次から確認できる。一方、「女の務め」に関する課の割合はほぼ
3～7％と安定していた。女性の道徳は必ずしも関心を集めた問題では
なかったにしても、注目され続けていたと言えよう。それだけではなく、
初等学校教科書においても女性思想に関する内容が見られる。「満州国」
指導者は、植民初期から生徒に男女の性的役割の根本的相違を学ばせた。
それを通じて、男女の仕事の分類と義務の違いを理解させようとしてい
た。

　以上のことより、1934年の「満州国」道徳教育の内容は主として、「修
養」、「国家と個人」、「女の務め」という三点にまとめられる。1936年
から1941年までの期間に、道徳教科書の核心が変化し、「修養」、「国家
と個人」、「女の務め」、「建国精神」の四点が主要な内容となった。つま
り、個人の道徳育成に関する「修養」の内容が減り、その代わりに「建
国精神」及び「国家と個人」に関する内容が増加した。最終的に、道徳
教科書『建国精神』では国家像に関する内容は「建国精神」のみとなっ
ていった。

3．家父長制イデオロギーと女性の役割

　先述したように、いずれの時期の教科書においても女性像に関する課が必ず一篇か二篇収められていた。1936 年以前の道徳教科書において、女性像は国民像と関連づけられていなかったのに対し、1936 年以降は国民像と深く結びつけられるようになった。本節では教科書における女性像について考察する。

　道徳教科書における女性像には、主に三つの特徴が見られる。

　第 1 に、女性に最も求められる役割は「良妻賢母」になることとされた。良妻の標準は、自分の夫に服従すること、家庭を管理すること及び子供の教育に力を注ぐことである。例えば、高小『修』上の第 10 課「家族」は、各々の家族の役割について説明し、家庭生活において妻は夫に服従すべきことを説いた。そこでは、女性は夫に協力すべきとされ、「家庭において夫はリーダーで、妻は補佐的な役割である。夫として仕事に励み、家庭を支えるべきであり、妻としては家事をこなし、夫に協力すべき」（夫為一家之主，而婦其輔佐也。為夫者必勤業於外，以贍其家族。為婦者宜整理内務，宜匡其夫之所不逮也。）とされた[56]。

　第 2 に、女性は調理や裁縫をこなすべきという主張が見られることである。初中『修』上の第 17 課「理家」は、「女性がすべき家事の内容について、娘として台所で家事をすべき…子供が多すぎる場合、主婦は子供全員の服を作ることはできない。他人に依頼してでも、どうすればいいのかを知るべきだとされている」（為女子者自幼童之時，即已熟悉庖廚之事…倘一家子女過多，主婦固不能悉任裁縫之役。但雖委諸他人，究不可不熟悉其家事）。

　第 3 に、女性は身体面もメンタル面も全て男性と異なっているということが教育され、女性は生まれつきの独特な才能を有するという意識が顕著である。

　例えば、1934 年版教科書の「男女」[57]という課では、「女子記憶力則優勝於男子。其聯想作用亦教速於男子。故關於家庭間瑣事為女子所優為者」（女性は男性より記憶力に長じ、連想の能力も男性より高い。故に、家庭での雑事は女性のほうが得意である）と、女性と男性の能力的な違いを説いた。また、「歴來提倡賢母良妻教育以養成性情，品性之優秀為

目的。輕視智能與思想的価值。現在女子要有卓越的知識技能和思想」[58]（従来提唱された賢妻良母の教育は、気質と人柄を優れたものにすることを目的としたものであり、智能と思想の価値は軽んじられていた。現在は女性が優れた知識と技能と思想を有するべきである）という文章もみられ、従来の「良妻賢母」という女性思想を批判し、男女平等の教育の必要性が主張された。しかしながら、注意したいのは、この文章は女性が母親と家庭主婦の役割を担わなくてもいいとは言っていない点である。さらに、「例如、由教養兒女為女子之天職，設無教育之知識，豈能循循善誘乎。是以提高女子之程度，而使其具有男子同様之知能與思想實為今後教育應採之方針。男女教育平等不僅僅求思想平等，還應求人格平等。女子為獨立人格入學」[59]（例えば、子女教育は女性が本来すべき職務である、応分の知識が無ければどうやって上手に子女を教えることができようか。故に、女性の受ける教育水準を向上させ、男性と同等な知能と思想を持たせることこそ今後採るべき教育方針である。男女の教育平等は、思想の平等だけではなく、人格の平等も追求すべきであり、女性は独立した人格を以て学問に臨むべきである）と、女性の教育は男性と平等であるべき理由も述べていた。「一家團樂」[60]も、男女それぞれの家庭における役割と、女性が男性に服従すべきと記述しているが、一方で男女とも社会に出て仕事すべきだとも説いた。

　以上述べてきたように、道徳教科書で、女性は社会に許される範囲で良好な知識や「独立」した人格を持つべきとされた一方、女性は家庭や子供教育に対する生来の職務を教えられ続けた。教科書は、女性が男性と同じように優れた教育を受けるべきと提唱したが、一方で女性は男性及び次世代のために奉仕することが期待された。要するに、植民地教育における女性イデオロギーは、男女の相違を強調すると同時に、知識への追求と一定の役割において「独立」した人格を持つことが認められていた。

　三つの女性思想は、1936 年以降から教科書に出現しはじめ、その思想により、女性は国家の一員と見なされた。1937 年版の高小『修』下教科書における、第 11 課「男女之任務」では、「無論其為男子或女子皆宜強健身體鍛錬知識修養德性…又男女均應昌盛其家庭發榮其社會愛護其国家。以其同為国民之分子故也…善事翁姑扶養子女主持中饋，料理家政，俾男

子得免内固之優。此女子之任務也。至若一旦国家猝遭事變則為男子者應執干戈而保衛社稷，而為女子者要宜守家郷而維持秩序。此又男女之任務由其天性而分之適例也」（男性も女性も体を鍛え、知識修養、気質の養成に励むべきである…また、男女とも家庭、社会の繁盛に努力し、国家を守るべきである。男女は等しく国民の分子だからである…舅姑の世話、子女の面倒をみることは義務である。女性は家庭の中を主宰し、男性を家庭内の憂慮を心配しなくても良い。それは女性の任務である。いざ国家が事変などに遭遇する時に、男性は武器を手に取り国家を守り、女性は故郷を守り秩序を維持すべきである。それはまた男女の先天的性格による任務の適例である）という内容が見られ、女性も国家繁盛のために貢献し、男性のように国家を守るべきと主張した。

　本節の分析から、「満州国」植民地教育における女性思想は次のように要約できよう。①女性の第一の役割は「賢妻良母」になること、②女性は男性とは違い、社会に許される範囲で良好な知識や独立な人格を持つべきこと、③女性は国家の一員と見做される点を繰り返し強調したこと、である。女性が「独立」した個性を持つことは、「賢妻良母」になる前提とされた。また、女性の家庭における役割も極めて重要視された。女性の国家に対する貢献は、家庭への貢献を通して実現すると考えられたからであろう。

4. 女性像と国民像との関わり

　女国高『国道』は『修身』とは異なり、女性の道徳修養の教科書であった。また、師範学校で教育を受ける女子学生は将来教師になる可能性があった。女国高『国道』教科書は、良好な国民意識を持つ女子学生の育成と、正しい女性意識を持つ優れた女性の育成という二つの機能を持った。したがって、その道徳教科書は女性像と国民像の関係を研究する上で重要な素材といえよう。本節ではこの教科書について考察し、植民地において国家像を形成させるため女性像がどのように修正されたかを明らかにする。

　大日本帝国は、女子中等教育の生徒に大きな期待を持っていた。高度

な教育を受けた女性が一般女性に対する中心的な存在、及び中堅になると期待された。中堅女性として、女子生徒は家庭の栄耀、近所や地域の模範、乃至教師になることが提唱された[61]。また、女国高『国道』は、女性が人並みの任務だけではなく、特殊な役割や任務も担うべきだと提唱していた[62]。

　女国高『国道』には 18 の課がある。その内、国家と個人の関係を語る 8 篇以外は、全て「建国精神」に関する課であった。こうした文章配置を見れば、大日本帝国は、男子生徒と女子生徒双方の教科書において、「建国精神」を重視していたことが分かる。そのため、「満州国」と日本との関係及びその国家像を理解することは重要だと考えられる。前述した「中堅女性」は教科書女国高『国道』の第 1 課に配置されている。第 1 課は家庭、社会、国家における女性の位置と役割についての内容であり、女性としての責任と国家に対する忠誠が求められた。この教科書において、8 篇の国家と個人の関係に関する課の中に、女性に対するイデオロギーが窺える課が 3 篇あった〈表 2〉。その 3 つの課とは、①女性は「中堅女性」と「良妻賢母」であるべき[63]、②女性は私心なき奉仕精神を持つべく、国民として身体を含む全てが国家に属し、「建国精神」に貢献すべき[64]、③女性は忠誠と孝の精神を持つべきで、「満州国」の女性は日本の女性を見習い、忠誠、孝、服従の一致を知るべき、という女性が持つべき三つの責任である[65]。

「中堅女子」は、女性が賢妻良母になり、国家に奉仕すべきと提唱していた。女性にとっての美徳は「家事をこなし、父子の実業に協力すること」[66]であり、最も重要な職責は良妻として夫を補佐すること、良母として子供を教育すること、健康でバランスのよい家庭を作ることであるとされた。その中でも「中堅女子」の最も重要な職責は、「維持国民之道徳，使国民質素之向上，使国民致身體健康，使国民之生活安定」[67]（国民の道徳を維持し、国民の素養を向上させ、国民に健康的な身体と安定した生活に寄与すること）とされていた。また、「国民之忠誠」では、日本女性の忠誠心が重要視された。他方、同じ課で日本女性の詩歌を収め、古代の日本女性を賛美した。同じ課では「君のため世のため何か惜しからむ、捨でいかひある命なりせば」[68]という詩歌を収めたが、戦争に身を投じた兵士たちの心情だけでなく、日本女性の責務も表現しようとし

たのだろう。古代日本の女性は剣術を習得して帯剣し、国家の緊急事態に際し、女性は夫に代わり息子と協力して天皇に奉仕するという。それを通して、自己の家庭の栄耀も守られるとされた。古代日本の女性だけではなく、当時を生きる女性も賛美していた。例えば、日清戦争への従軍女性もいたし、負傷兵を看護する女性もいた[69]。

　1942年まで道徳教科書で教えられた女性思想では、女性の家庭的な役割と国民像という中核的意識が深く結びつけられていた。そのほか、良妻賢母の価値観と男女の相違が教えられ続けた。しかし、1942年に至り、上記の範囲を超えた内容も教科書に見られるようになった。これにより、女性はもはや家庭に留まるべきでなく、国家に奉仕すべきとするという内容が増加した。従軍女性や看護師として活動した女性に関する記述がその例である。女性と国家の関係性はますます重視される一方、教科書では始終家庭と関連づける内容が展開された。女性の独立と教育について言及される場合でも、必ず女性の家庭への奉仕という要素が同時に強調された。教科書は、国家への奉仕にも言及し、それが家庭の安定へと繋がるという論理展開が見られた。

おわりに

　以上、考察してきたように、「満州国」の『修身』と『国民道徳』教科書においては、修養、国家と個人、女の務め、「建国精神」に関するテーマが見られる。1936年から1941年にかけて、個人の修養に関する内容が減り、「建国精神」に関する内容が多くなった。こうした傾向は1942年まで続き、個人の修養を教える課はほとんど姿を消し、国家に関する内容の方が主導的になった。

　個人の修養に関する内容には中国儒教を踏まえた階級・尊卑・忠孝などとともに、自我発展の促進という面がある。早期の日本帝国主義は儒教と王道との関係を利用した。しかし、「満州国」の日本化が進められるに伴って、日本の植民地支配の阻害となる儒教思想は弱められ、天皇制のアイデンティティに取って代わられ、「建国精神」を通じて国民に伝播していた。また、太平洋戦争勃発に伴って、「満州国」は日本の戦略

物資の後援地となった。「満州国」の国民が戦争に拘束され、各方面で日本を支持させられた。当時の大日本帝国の要求は優秀な国民ではなく、忠誠を尽くす労働力や兵士の養成であった。「満州国」『修身』・『国民道徳』教科書における個人修養に関する内容の減少や、「建国精神」の主流化などの現象の原因は、まさにここにある。

「満州国」『修身』・『国民道徳』教科書は、儒教を基盤とした個人の修養や、国家の一員として国家に奉献せねばならないという国家と個人の関係を教授するのみならず、「日満一徳一心不可分」の日満関係や、日本精神、民族協和と王道主義の「建国精神」などをも教えていた。「満州国」成立以前の日本の国民道徳は、日本が一大家族であるという前提で、家族の一員としての国民に天皇への孝心や忠誠心を育成するという方針であった。「満州国」の国民道徳教育は、個人と国家との関係において、日本の「大家族」理論を継承し、国民の国家に対する忠孝一本をも重視していたが、別の特徴もある。それは、中国の儒教思想における個人の修養を継承し、そのうち尊卑・階級を重視する王道主義をも含めている一方、「日満一徳一心不可分ノ関係」及び五族共存の思想を基盤とし、日本への崇拝や、天皇への忠孝、「満州国」と日本のための献身という奴化思想を育成しているということである。

「満州国」教育においては、基本的に以下の三点にわたって女性像を教えようとした。第一に、女性の主要な役割は良妻賢母になること。第二に、女性は男性とは根本的に異なると規定され、社会により賦与される役割の範囲で優れた知識を身につけ、「独立」した人格を形成することが期待された。第三に、女性は男性同様、国家の一員と見做され、国家への奉仕に尽くすべきことが要求された。また、女性の家庭への奉仕は国家への奉仕と直接的に結びつけられ、女性が持ちうる「独立」した個性と能力をもとにより家庭や国家に奉仕することが求められた。「満州国」成立前と比較すれば、日本の女子修身教科書においては、性別上の制限が弱まり、女性が国家や社会に直接貢献するよう要求されたのに対し、「満州国」の女性道徳教育はより後進的である。「満州国」の女性修身教科書の内容は、1911-1920年の日本の女子修身教科書と類似し、男女の相違点を強調し、女性は家庭と子供の需要を通じて社会や国家につながるべきだと主張している。大日本帝国は、以上述べてきたような女

性像に基づいて、「満州国」の女性の国民意識を向上させようとしたのである。それと同時に、国民像もまた女性像の定義づけや修正に用いられていたと言える。

【註】

1　松浦明博、「満州や王道楽土の夢いずこ」、『歴史と教育』（138）、2009 年、pp.14-17。木下竹次、「建国精神宣揚教育」、『學習研究』13（5）、1934 年5 月、pp.3-12。

2　駒込武、『植民地帝国日本の文化統合』、岩波書店、1996 年、p238。

3　王　雯　雯、「Overall Trends of Female Secondary Education in Manchukuo」、松原孝俊（監修）・Andrew Hall・金斑実（編著）、『満州及び朝鮮教育史 ―国際的なアプローチ―』、花書院、2016 年、pp.101 – 111。

4　前掲、『植民地帝国日本の文化統合』、p282。

5　高爽、「偽満州国自始至終経済推行軍事化――専訪中国社会科学院研究員王屏」、『遼寧日報』、2015 年 7 月 7 日、T02 版（原文中国語）。

6　于海鵬・魯燕青、「論戦時体制下偽満州国学校教育的特点」、『佳木斯大学社会科学学報』34（2）、2016 年、pp.177-182（原文中国語）。

7　東北師範大学教育科、『偽満奴化教育』、東北師範大学、1957 年。王野平、『東北淪陥十四年教育史』、吉林教育出版社、1989 年。杜学元、『中国女性教育通史』、貴州教育出版社 1995 年。斎紅深、『東北淪陥十四年教育研究』、遼寧人民出版社、1997 年（原文中国語）。王智新、『日本の植民地教育・中国からの視点』、社会評論社 1261、2000 年。竹中憲一『満州国における教育の基礎的研究』、緑蔭書房、2000 年。曲鉄華・梁清、『日本侵華教育全史・第一輯』、人民教育出版社、2005 年（原文中国語）。

8　野村章、「旧『満洲国』の皇民化教育」、『教育研究』第 22 号、法政第二高等学校育友会教育研究所、1987　年、p15。

9　蘇林・佐々木啓、「「満洲国」における中国人女子教育」、早川紀代・李熒娘・江上幸子・加藤千香子、『東アジアの国民国家形成とジェンダー：女性像をめぐって』、青木書店、2007 年、pp.311-325。

10　Andrew Hall、「The Word is Mightier than the Throne: Bucking Colonial Education Trends in Manchukuo」、『The Journal of Asian Studies』（68）、2009 年、pp.895-925。白宇、「日本統治東北期間教育侵略罪証実考―日偽教科書『国民学校日本国民読本（第八巻）』研究」、『黒竜江史志』14（4）、2012 年、pp.40-42。焦潤明、「従偽満『歴史教科書』見日本植民当局対歴史的纂改」、『史学理論研究』（3）、2008 年、pp.79-89（原文中国語）。斉紅深、「偽満州国教科書と「産業開発」の関連性：「第二期満州産業開発」と「新学制」に重点を置いて」、『植民地教育史研究年報』（18）、2015 年、pp.108-129。

11　前掲「従偽満『歴史教科書』見日本植民当局対歴史的纂改」、pp.80-92。前掲「日本統治東北期間教育侵略罪証実考―日偽教科書『国民学校日語国民

読本』第八卷」、pp.40-42。

12　槻木瑞生、「満州の教科書」、日本植民地教育史研究会運営委員会編集、植民地教育史研究年報 11　『植民地教科書と国定教科書』、2008 年、pp.38-47。

13　満州帝国文教部、初級小學校『修身』教科書第一冊（以下、初小『修』一）、康德圖書印刷所 1935 年 12 月、全 62 頁、A5。成城学園教育研究所蔵、MK009。

14　満州帝国文教部、初級小學校『修身』教科書第二冊（以下、初小『修』二）、康德圖書印刷所 1934 年 12 月、全 57 頁、A5。収蔵は同上、MK009。

15　満州帝国文教部、初級小學校『修身』教科書第三冊（以下、初小『修』三）、康德圖書印刷所 1937 年 6 月、全 41 頁、A5 。収蔵は同上、MK011。

16　満州帝国文教部、初級小學校『修身』教科書第四冊（以下、初小『修』四）、康德圖書印刷所社 1937 年 6 月、全 55 頁、A5。収蔵は同上、MK012。

17　満州帝国文教部、高級小學校『修身』教科書上冊（以下、高小『修』上）、満洲圖書株式會社 1936 年 11 月、全 63 頁、A5。収蔵は同上、MK015。

18　満州帝国文教部、高級小學校『修身』教科書下冊（以下、高小『修』下）、満洲圖書株式會社 1937 年 6 月、全 87 頁、A5。収蔵は同上、MK016。

19　満州帝国文教部、初級中學校『修身』教科書上冊（以下、初中『修』上）、奉天省公署印刷局 1934 年 9 月、全 99 頁、A5。国立教育研究所蔵。

20　満州帝国文教部、初級中學校『修身』教科書中冊（以下、初中『修』中）、奉天省公署印刷局 1934 年 9 月、全 127 頁、A5。収蔵は同上。

21　満州帝国文教部、初級中學校『修身』教科書下冊（以下、初中『修』下）奉天省公署印刷局 1936 年 9 月、全 136 頁、A5。収蔵は同上。

22　満州帝国民生部、女子国民高等學校『国民道徳（満語）』第一卷（以下、女国高『国道』）、満洲圖書株式会社、1938 年 1 月初版、1942 年 10 月第二版、全 258 頁、A5。中国東北師範大学所蔵（845.3/001）。1932 年―1937 年に満州国の初等教育は初級小學校と高級小学校、中等教育は初級中学校、高級中学校、女性中学校、師範学校などがある。1938 年に満州国の新学制の実施に伴って、初等教育は国民学校、国民優級学校となって、中等教育は国民高等学校、女性国民高等学校、師道学校などになった。

23　王智新、「日本的道徳教育」、『現代教育論叢』（4）、1994 年、pp.29-37（原文中国語）。

24　江島顕一、「明治期における井上哲次郎の国民道徳論の形成過程に関する一考察：『勅語衍義』を中心として」、『慶応義塾大学大学院社会学研究科紀要・社会学心理学教育学』（67）2009 年、pp.5-29。

25　山崎雄治、「皇室中心主義国民道徳の高調」、『商業と経済』6（1）、1925 年、pp.223-238。

26　蔵澄裕子、「近代女子道徳教育の歴史―良妻賢母と女性特論という二つの位相」、『東京大学大学院教育学研究科教育学研究室・研究室紀要』（34）、2008 年、pp.49-57。

27　姜華、「修身教科書に見る良妻賢母教育の実際とその特質 - 明治後期を中心にして」、『早稲田教育評論』25（1）、2011 年、pp.89-106。

28　小山静子、『良妻賢母という規範』、勁草書房、1991 年、pp.199-231。

29　同上、p227。

30　満洲帝国国務院総務省情報処、『国勢パンフレット・新学制の大要』第二輯、

1937 年、p3。

31 満州帝国民生部教育司、「現在關於我国教育的重點」、『滿洲国教育概要』、滿洲行政學會 1941 年、p1。

32 同上、pp.1-3。

33 周紹田、「修身指導之研究」、『奉天教育』第 5 卷 4 號、1937 年、pp.1-3。

34 高尾善一、「間島教員講習要旨・国家觀念與精神教育（續）」、『滿洲教育』第 1 卷 6 號、1936 年、p17。

35 王紹海、「「満州国」の成立と教育政策の展開」前掲『日本の植民地教育中国からの視点』、pp.123-135。

36 前掲『日本侵華教育全史・第一輯』、pp.165-167。

37 同上、p170。

38 「学制要網」、前掲『学校令及学校規程』、p1。

39 同上、p157。

40 「教科書旨趣講習會議紀錄」、『奉天教育』第 7 卷 3 號、1935 年、pp.73-74。奉天公署の教育庁は 1935 年 7 月に開催された公立小学校の教科書の編集に関する会議である。参加人員は行政人員及び現職教員合計 189 名である。

41 「初級小学校修身教科書第三和第四冊編纂趣意」、『奉天教育』第 8 卷 4 號、1936 年、pp.1-3。

42 同上、pp.4-5。

43 前掲『国勢パンフレット・新学制の大要』、p5。

44 「学制要網」、前掲『学校令及学校規程』、p1。

45 「王道要義」、前掲高小『修』下、pp.60-64。

46 「御極大典」、前掲高小『修』上、pp.1-2。

47 「皇帝之宏謨」、前掲女国高『国道』、pp.110-123。

48 「国家之清明」、同上、p209。

49 「孝道之尊重」、同上、pp.110-123。

50 「歴代天皇之御仁慈」、同上、pp.124-135。

51 「日本教育敕語」、前掲高小『修』下、pp.76-81。

52 「自信」、前掲高小『修』上、pp.7-10。

53 「親仁善鄰」、前掲高小『修』下、pp.72-76。

54 「友邦之仗義援助」、前掲女国高『国道』、pp.84-100。

55 「皇帝訪日」、前掲高小『修』上、pp.1-4。

56 「夫婦」、同上、p18。

57 「男女」、前掲初中『修』下、p19。

58 同上、p20-21。

59 同上。

60 「一家團樂」、前掲高小『修』上、pp.30-32。

61 同上、p29。

62 同上。

63 「中堅女子」、前掲女国高『国道』、pp.1-12。

64 「責任之尊重」、同上、pp.224-236。

65 「天壌無窮之国家」、同上、pp.124-135。

66 「中堅女子」、同上、p2。

67 同上、p12。

68 「国民之忠誠」、同上、p161。
69 同上、pp.162-163。

Ⅳ．合評

佐藤広美
『植民地支配と教育学』
（皓星社、2018 年）

合評

佐藤広美著

『植民地支配と教育』

（皓星社、2018 年）

報告：**一盛　真**（大東文化大学）
　　　岡田泰平（東京大学）
　　　小林茂子（中央大学非常勤講師）
応答：**佐藤広美**（東京家政学院大学）

主旨説明（司会：一盛）

　　今回、佐藤広美さんが本研究会となじみ深い皓星社から出されました『植民地支配と教育』の合評会を企画しました。合評会としたのは、本書に収録されている論文の多くは、本研究会立ち上げ時から佐藤さんが研究会の紀要である『植民地教育史研究年報』に論文あるいは大会シンポジウム報告として執筆されてきたものであり、佐藤さんの著作であると同時に、植民地教育史研究会のあゆみとしての側面もあると考え、研究会の専門と年代を異にする会員にコメントをお願いすることにしました。3 人のコメントに続き、佐藤さんから応答していただきたいと思います。

報告

植民地教育を肯定する思想に迫る

一盛 真*

教育学の植民地支配責任を問う

　佐藤さんの本ということで、前の『総力戦体制と教育科学』（大月書店、1997年）という本から19年書き続けてきた成果を集めたものだと思います。前の本は戦前の民間教育研究運動団体である教育科学研究会の分析を通して、戦時期の教育改革論の分析をされたということですが、今回は総力戦体制期の研究のなかで、当然佐藤さんが有機的に日本の社会の教育学のあり方を、特に戦争責任という問題で考えていこうとしたときに、必然的に植民地の問題にストレートにそこにメスを入れるという、前の研究からしても必然性のあるものでないのかと、そういうふうに受け取って読み始めました。

　この本を読んで、まずは特徴を羅列しておきました。特にこれは第3章の中で展開をされていたと思うんですが、戦中の教育学の戦争責任研究の意義、さらには現在につながる教育学研究者たちの、特に教育史研究者たちの戦後責任の問題、これを研究のなかでなぜそこに切り込めないのかということを歴史修正主義との関連のなかで、類似性ないしはそれに近い状況に陥ってるのではないかという分析を提起されている。これについては、そこで俎上に上った方々がどう反論するのかということが非常に重要じゃないかと思って、今後の論争を期待しています。

総力戦教育論のトライアングル

　研究そのものとしては、総力戦体制期の日本の教育学、佐藤さんの言

＊大東文化大学

葉だと総力戦教育論、これを鳥瞰して、特に３つの大きな流れをトライアングル構造という形で佐藤さんの仮説を提示したということです。そのなかでも戦時改革論の分析とここでやられる大東亜改革論の分析が重要だと、理論的にはその二つが非常に重要な理論を持っていますので、そこに佐藤さんの関心があったり、特に今回は大東亜教育論の分析に入ってるということだと思います。

　で、この作業を通してこの時期の日本の教育学の総体の本格的な学説史、思想史的分析だったのではないか。特に、政治と教育の関係を切り離さない研究、さらには国内と植民地を有機的に結びつけようとする研究志向というところが、佐藤さんの研究の成立するうえで大事な柱になっているのではないかと思います。

　植民地研究は進化して膨大な研究が出てきておりますが、佐藤さんも危惧するところだと思いますが、細分化、蛸壺化してる、特に地域ごとの蛸壺化が極めて明確に特徴付けられると。そのなかで、今現在、総体の分析を志すというのが非常に重要だと。そういう点で成功しているのではないのか。要するに、佐藤さんが分析するような当時の官僚たちは、そういう総体としての大東亜共栄圏をどう理論づけていくのかという関心を持ってるのですが、現在の研究者が自分の関心領域で、かつての官僚たちよりもっと狭い領域に絞った分析をしているということは、これは総体のあり方の本質をつかむという意味では非常に問題のある現状がある。そういうなかで、こういう思想史研究、学説史研究が出てくるのが重要じゃないのかと思います。

小沢有作を継承する

　大東亜教育論という意味では、近藤壽治の研究、海後宗臣の研究ということが重要で、これは小沢有作さんの「『大東亜共栄圏』と教育」（1973 年）という論文の、いい意味で延長線上である小沢植民地史教育研究の唯一といっていいような成果じゃないかと思います。小沢さんが興亜教育とか近代の教育論ということを明確に重要な問題として語られているということで、それを深めたという点がここでの意義ではないかと。あと矢内原忠雄の研究の進化ということもいえると思い

ます。これは、戦後研究との整合性、戦後史研究批判をどうするのかという課題が残されているとは思います。

　あと、書評については非常に学ぶ姿勢、対話をする姿勢ということで僕も学ばされました。これは小沢さんの書評に対する姿勢からやはり学んでるのではないかなと思います。

　研究の成立過程を見ますと、論文は1999年から始まっていて、やはり第2章の論文を少し、日本教育学という概念なんかを出されて、それが第1章の中では、そういう見方にはなっていないということで少し、このわずかな時期でも佐藤さんのなかで急速な成長があって、特に第3章の資料集『興亜教育』の「解題」を作ること、解説を書くことが、この研究の見通しを持たせたんではないでしょうか。

　そのいわば総括が第1章ということで、この本の最も大事なものというのはこの第1章ではないか、圧巻のものではないかと。そのなかで、先ほど出てきた超克論もありますが、先行研究批判が非常に重要じゃないかと思います。

　第6章「教育の植民地支配責任を問う」の時期は相当後なんですが、当初から佐藤さんの小沢さんから学んできた植民地研究のイメージが、こういう第6章の形でもともとあったんじゃないか、これが基本になって99年から2001年にかけての論文が成立したんじゃないかというふうに僕は勝手に思いました。

　今後の期待として、僕は小沢さんの研究をどう佐藤さんが今後対象化していくのかということが楽しみだと思います。大東亜教育論ということで今回は、佐藤さんの得意とする学説史の部分で展開を広げていったのですが、例えば小沢さんの本では、東亜指導国民というものの分析なんですね。これはいわゆる内地の人々の教育さらには植民地にいる、いわゆる日本人の人たちですね。

　僕は最近どうも、植民地研究会の中でずれを感じるんですが、植民地研の中の人々の植民地研究の対象は、いわゆる内地の人が入ってない。いわゆる外地にいる日本人が入ってない。要するに植民地研究は、日本人が植民地にどんな教育を押しつけたかという中身を研究するのが植民地研究であって、日本人がどういうふうに、小沢さんの使った言葉で言うと東亜指導国民として教育されていったのか、ないしは主体

的にそういう生き方をしようとしていったのか、ということは、どうもこの研究会の意識に入ってない。その問題を僕は、小沢さんのまさに正当な継承者としての佐藤さんに、僕もやらなきゃいけないと思ってるんですが、こういうところを一緒にやっていきたいなと思います。

戦争責任をタブー視する研究について

あと、戦後教育者がなぜ、この戦争責任、植民地責任の問題をタブーにしてきたのか。これは海後宗臣から連なる寺崎昌男さんへのライン、ここが最も重要で戦後教育史研究における海後宗臣は話題になるんですが、次の段階の戦後教育史における寺崎昌男さんの位置っていうのは、非常に重要なんじゃないのかと、これはもう研究の対象の域に、思想研究としては意識せざるをえない。なぜ政治と教育を分けようとするのか。

あと、中内敏夫さんですね。これも「歴史を裁断してはいけない」と述べています。やはりこの二人の研究者たちの思想的なあり方というのをえぐり出さないと突破できないのではないかなというふうに、そこまで、実はこの本を読んでなおさらそう思いました。

オリエンタリズムと反オリエンタリズム

気になる点に関しましては、僕は佐藤さんのキー概念がいつも気になるんですね。今回は、序章は一番最後に読んだので、駒込武さんの指摘は後で知ったんですが、反オリエンタリズムが僕のなかで石田雄さんが使った用語ですが、まだしっくりきてなくて、これについては僕自身もう少し考えたいと思っています。

あと、モラルというのを、例えば155 ページの部分では、佐藤さんのモラルとはどういうことなのかよくわからない。なぜ侵略と植民地支配のためのモラルを引き出す必要があったのか。モラルの感覚を歴史から引き出すという、僕の思ってるモラルの概念とずれるなと、ここは少しキーワードとしてどう考えるのかがわかりません。

前置きには同化と皇民化というこの間、僕が佐藤さんに投げかけた

問題です。佐藤さんは247ページで、同化＝皇民化と書いてあるんですね。同化から皇民化へ移行していったと捉えるのか、同化と皇民化を同じと捉えるのか、そういう論点が一つある。もう一つは欧米の人権の普遍性と日本的なものとの違いがある。これも一つ論点で、欧米をひとくくりにくくっちゃいけないと佐藤さんも言ってるんですが、やはりここもちょっと無理があるんじゃないか。

　イギリスとフランスの違い、フランス自身も変化する。日本も朝鮮と台湾、これと南洋群島なんかとは、例えば皇民化と言っていいのか、例えば南洋群島を研究されている宮脇弘幸先生は、南洋群島も皇民化だとおっしゃるんですが、僕自身は皇民化というのは宮田節子さんの研究に依拠して、いわゆる徴兵制にどのように導入するのかということが、一番の決定的な終着点で、それを期待する人々とそれは期待しない人々を分けなきゃいけない。

　そうすると、朝鮮でいうと第3次朝鮮教育令の段階で皇民化が始まる。台湾の場合は、1941年の段階。南洋群島はそれがないですね。台湾の場合でも、匪徒刑罰令というような初期の段階というか後藤新平がいた段階では、到底いわゆる徴兵制というものは考えられない。こういう、台湾でも時期によって位置づけが違うわけですが、南洋群島の場合は1941年の段階ではその想定がない。南樺太もない。沖縄県の場合も、日清戦争までは旧慣温存政策なんですよね。でもそこから徴兵制が日清戦争後に対象になってくる。そういう意味で、皇民化というのをそういうふうに分けていいのではないのかなと思うのですが、ちょっとずれが。佐藤さんとの皇民化概念とのずれ。これは佐藤さんと僕のずれというよりは日本の植民地教育史研究、ないしは教育史研究のなかで、皇民化というものに対して明確な概念規定がまだ、まだというか遅きにですが、きちんとされてないということの表れではないかと思っております。

第三世代の課題について

　第二部第一章216ページ、些末なことですが、第三世代という戦後の歩み、おそらく僕なんかの世代が第三世代ですが、小沢さんはこの

世代に期待をして、結果的には裏切られているのではないかということで、佐藤さんも日々こう思われてるのではないかなというふうに思いました。

　最後に興亜教育のところの先行研究に関しては佐藤さんらしくないなと。こういう研究もありますよと紹介してるけど、そうじゃなくて佐藤さんが全体を分析して、これこそ日本の植民地支配に教育学がまともに主体的に理論的に関わろうとしてるという、そういう本であると。ということは戦後研究と相当の見え方が違ってるはずなので、少し、そこが佐藤さんらしくないなと思いました。

　佐藤さんがこの主要な論文を書いた後に、教育史学会が、『教育史研究の最前線』というのを 1 と 2 を 2 冊出した（2007 年と 2018 年）。あとは、日本植民地研究会の古川宣子さんが植民地教育のことを総括しようとした（『日本植民地研究の論点』2018 年）。こういうのを佐藤さんはどう読むか、本格的に批判が必要なのではないかと思えるんですよね。

　もともとこの研究会は、小沢さんなんかの植民地の理解というところから始まってるんですよ。あえて、朝鮮史の人だけを集めたんじゃなくて、いろんな地域の人を集めたし、国内の研究をしている人も呼びかけたし、かつ、言語学者にも呼びかけた。だから本来は、小沢先生は植民地教育史の通史を作りたいとかそういう構想を持ってるんですよね。それは、朝鮮教育史の通史ではなく、トータルに日本の植民地っていうのが、どういうふうに国内の動きとの関係のなかで日本が植民地領有、どういうふうに教育のなかでやってたのか、それを我々は目指したんですよね。

　研究会のなかで人の入れ替えも、若い世代が入ってくるのもこの研究会のいいところですけれど、それがちょっと逆にいうと年々薄れてきたのかなという感じがある。そういう意味では、この研究会の原点を実はこの本は持っている。この研究会に初期から関わってきた小沢さんと一緒にずっとやってきた佐藤さんが、こういう仕事をしたというのは研究会にとって大事だと思います。

報告
学知としての日本教育学

岡田泰平*

　僕はフィリピンにおけるアメリカの植民地教育を社会史として論じてきました。その視点から本書を読みました。歴史を研究してきているので、学術が違うと作法が違うと思いました。まず、本全体に関してなんですけど、本書だけではなく比較的教育学の著書全般についてなのですが、ワンブック・ワンストーリーになっていないという印象があります。本書に関して言うと、特に最後の部分の書評は、そこまでの内容と相当違った感じがするので、初めから読んでいったときにどういうふうな位置づけなのかと迷うところでした。

　次に、本書の題目についてですが、日本教育学とつけた方が良いのか、日本の教育学と「の」を入れたほうがいいのかはわからないのですが、「日本」という語が入るべきだと感じました。というのも、内容が日本の学知についてだからです。本書の主たる意義は、植民地帝国日本において植民地支配や侵略戦争がどのように正当化されてきたのか、について答えていることです。日本教育学という学知があって、固有の展開があるとの前提ゆえに成立している内容だと思います。

帝国の中心の学知

　少なくとも植民地フィリピンには、1920 年代半ばまで教育に関して体系化された学知は存立していませんし、それさえも宗主国の影響が色濃く残っています。こうした植民地の状況から見ると、本書は帝国の中心の学知についてです。

　次に帝国の中心という立ち位置を踏まえると、植民地帝国日本の特徴

＊東京大学

が問われます。20 世紀初頭は、アメリカのなかでも大学に教育学部が出来てくるなど、専門知としての教育学の創成期だったと思います。また教員の専門職化が進んでいく時代でした。ですので、教育学に対する学知研究は、特定の時期以降に可能になるのでしょう。アメリカよりも日本の場合もっと早いのかもしれません。

　他方では、明らかにこれは中心―周縁の問題です。植民地研究から見ると、本書で論じられる理念や論理展開が、植民地の教育にどういうふうにつながってくるのかなという疑問が沸きます。ただし、それは全く違った枠組みで追究なされるものなのかな、とも思います。そういう意味では、帝国日本の中心における学知のイデオロギー性を問い直したいという佐藤先生の問題意識は、大変意義深いものじゃないかな、という感想を持ちました。

帝国日本の特徴

　このようななかで、東南アジア史、とりわけアメリカに占領されたフィリピンの経験から見ると、印象深いのは本書が論じる三位一体ですね。すなわち日本精神主義教育論と戦時教育改革論と大東亜教育論と、これら三位が思想的なつながりを持つと論じているわけですよね。この三位一体の思想について、多種多様な人たちが共鳴するような形で論じているというのは、驚きを感じます。そこはすごくうまく論証されていると思います。ただし、この思想自体は優れた日本人という核を持っていて、そこからはみ出ていかないわけですよね。

　逆にいえば、いろんな概念は作るんだけど、結局は優れた日本人という核に戻っていく。その過程は、結局は言霊的で、同義反復的です。そこには、西洋で見るような社会進化論の「科学」的枠組みの下で育まれる人種差別を正当化する思想や政策はありません。帝国日本と西洋の帝国の間で、思想の組み立て方は相当に違うのかなと思います。この違いをどう評価するのかが問われます。ただ、結果的には、日本にも西洋にも人種差別があるし、植民地支配や侵略の正当化がある、つまり同一の結果が出てくる。この観点に立つと、日本の植民地支配を根本的に西洋植民地主義と異なる特殊事例として見てるのか、20 世紀

前半の近代植民地主義の一つの類型として見てるのか、この点は、この本読んでいて定かではありませんでした。

　僕自身は、植民地支配下で学校教育が広がること自体は、20世紀初頭の世界史的な現象だと考えています。教育の専門職化が進み、中学校の設立や初等教育のカリキュラムの平準化などがなされる。だいたい19世紀後半から20世紀初頭のアメリカ史で生じていることで、その過程で教育制度の官僚化が進みます。これが、タイアックが言ってるような行政進歩主義です（David B. Tyack, The one best system : a history of American urban education (Harvard University Press, 1974)。学校教育とは、専門家が指導する教育であって、現場の教員が教育の内容や方法を決めるものではないという思想です。それが学知としての教育学に結び付いていくのだと思います。

ナショナリズムと植民地教育

　他方、1930年代というのはナショナリズムと教育が結び付けられてく時代だと思います。ナショナリズムと教育という視点から見ると、ここで取り上げてる日本のナショナリズムがどれほど特殊なのかという印象を受けます。特に、非西洋のナショナリズムと教育学が1930年代にどのように結びついたのかに関心があります。

　本書によると、日本教育学とは、ナショナリズムの教育を基礎づける学知です。日本人というものを立てて、そこに優越性を読みこんでいく。それがなぜ誤びゅうかというと、差別的であることも重要ですが、それ以上に注目すべき点として、相手の民族性を認めないからですよね。つまり、自らのナショナリズムにあまりに心酔してしまうがゆえに、他者のナショナリズムを認識できない。佐藤先生の主張は、このようなナショナリズムを軸に自民族の優越性を正当化してきた歴史を確認する必要がある、ということでしょう。その上で、そのような自民族優越主義を反省することは、すごく重要だと思うんです。

　その反面、21世紀の教育では、いい意味でも悪い意味でも民族性の教育や教育におけるナショナリズムをめぐる状況はより複雑です。一方ではナショナリズムの教育が、後退しています。STEMのような、

数学を使った教育のほうが重要だという主張があります。自らの言語や文化も、他者の言語や文化も重要ではなく、英語や実用知が重要であり、すべからく統計的に処理すれば世界が進む先がわかる、というような教育観があります。他方では、自民族優越主義や人種差別を肯定的に捉える見解が強まっている。いわゆるポピュリズムの政治家によって、自民族、自人種、自宗教の根拠なき肯定が論じられます。こういう現象と植民地支配のための教育をどのようにつなげたら、21 世紀の危機に応えるような教育研究になるのかな、と大きな問いが思い浮かびます。

　まとめると、一方ではナショナリズムの教育はまずかった、と言うだけでは足りない感じがします。しかし、他方ではナショナリズムの教育がよかったにしろまずかったにしろ、そのことを考え続けないと、人種差別を初めとした様々な形の差別に対して応えられない教育になっていく。このような読後感を持ちました。

「学知」という概念

　さて、座談会で出た、帝国の学知として教育学を捉えることの妥当性についてです。僕が念頭にあるのは、『岩波講座 「帝国」日本の学知』（二〇〇六）です。僕自身がここで教育学について「学知」という表現を用いる理由は、教育についても体系化した知が存立しているということです。

　アメリカ植民地支配下のフィリピンの場合だと、そういう学知があったからフィリピンの植民地教育が始まったわけではない。現場の官僚層――もっと単純に言ってしまうと兵士――が占領政策の一部でやり始めたの教育が、スペインの植民地期の末期にそれなりに広がっていた初等教育と結びついてくような形で、植民地における学校教育が展開していく。しかし、フィリピンのアメリカ人教育官僚の発言を見ると、その当時のアメリカ社会理解がフィリピンの教育政策に反映されていきます。その結果、農民に読み書きと算数を教えなければならないとか、教育は全部英語でやらなければならないなどの方針が策定されます。つまり、体系的な学がない知なんです。初期の教育局長

にデイヴィッド・バロウズという人がいるんですけど、このような発想の源泉は、その人の頭のなかだけですね。しかし、佐藤先生の著書だと、教育にたずさわったり、教育を研究する人たちの議論のなかで、教育はこうあるべきだっていう点についての論点が整理され、抽象化され、そして理論が形成されている。それ自体すごいことだ、と思うんですよね。

　もっとも、ここで僕が示した1900年代と佐藤先生が扱っている1930年代とでは、年代の違いが大きいともいえます。フィリピンの植民地教育の場合、当初に持ち込まれた特徴がほとんど変わらずに1935年の独立準備政府発足を迎えます。それでは、その当初の政策に対して、体系を伴う知がいつ展開し始めるのかというと、それは1920年代半ばでしょう。ポール・モンローというアメリカ人教育学者がフィリピンに行き、調査し、その調査結果が分厚い報告書として刊行されます。その後には、当時植民地教育の問題となっていた、英語による教育、中央集権的な教育行政、フィリピン人教員の専門教育などが活発に論じられるようになります。時をほぼ同じくして、ナジーブ・サリービーというシリア系アメリカ人の大変に鋭い植民地教育の分析がなされます。これは、主には植民地教育がもたらす言語編制についてで、後のフィリピン人ナショナリストであるレナト・コンスタンティーノに引用され、広く知られるようになりました。つまり、「植民地教育」という体系的な知の萌芽がここには見て取れます。このように考えると、1920年代、30年代というのは教育学という学知がアジアで成立していく時期なのかもしれませんが、これに答えるには今後の研究を待たなければなりません。

学知研究としての本書

　佐藤先生は、日本の教育学が持つイデオロギー性を問いたい、ということでしょう。どういう面において正しくて、どういう面において間違えていたのか、この点を問うこと自体は、僕はとても生産的だと思います。というのも、21世紀になっても、教育学という学知がいまだにあって、大きな影響を及ぼし続けているからです。だから、過去

を参照することにより、今の教育学はこういうところで間違えているんじゃないかと問いただすことは、教育学者の責務ではないか、と思うわけです。

　このような学知が存立すると言うこと自体が、僕が本書から大きく学んだ点です。ただし、自分の関心である植民地に引き付けると、植民地官僚にせよ、反植民地主義のナショナリストにせよ、個人のレベルに落とし込んだ思想史には違和を感じます。そうしてしまうと制度としての植民地主義という観点が抜け落ちてしまうからです。その結果、例えば植民地主義に対して批判的な「良心的な植民地官僚」であるとか、植民地主義がもたらした社会革新には賛同しつつ人種差別や民族差別には反発する「葛藤する植民地知識人」であるとかと言うような、今となっては使い古されたカテゴリーを再確認することに他なりません。そういう意味では、教育学を学知として捉えるという佐藤先生の方法は優れていると思います。

帝国のナショナリズム

　最後に、やはり 1930 年代、40 年代にいわゆる「超国家主義」へと転落していく日本ナショナリズムと、曲がりなりにも自由主義を保ち続けるアメリカのナショナリズムの違いについてです。いずれにしても、それぞれのナショナリズムに、人々の関心を引き付ける強い力があったことは否めません。ただし、その力の源泉は、前近代のエスニーでも、消費主義でも、市民的な理念でも良く、ナショナリズムが大きな効力を持っていたことには変わりない、ということでしょう。単純化して言うと、日本の場合、エスニーへの参照がより強まり、その参照の仕方がより制限されていったということですよね。

　ナショナリズムの原理について話をすると、二項対立的ですし、それぞれの事例の詳細は明らかにされるべきですが、それでも分かりやすい区分として、エスノ・ナショナリズムとシビック・ナショナリズムがあります。アメリカ社会の場合、社会に共通した前近代の歴史経験がないので、エスノ・ナショナリズムが成立する要素がありません。そこで、その代わりにシビックなナショナリズムを立ち上げるわけで

すよね。民族文化と政治が切り離されているというシビック・ナショ
ナリズムの特徴は、民族という社会区分を認めずに、ひとびとを個人
として認識するしかなくなる、という仕組みを持っています。つまり、
このナショナリズムは、個人の権利と義務を根拠としたリベラリズム
と高い親和性を持っています。一方でシビック・ナショナリズムの帝
国があり、他方でエスノ・ナショナリズムの帝国がある。この二区分
は、他の帝国と帝国日本の比較研究の出発点になるとは思います。

　ただし、この類型は、どちらが良かったという議論にはならないの
では、とも予測します。最近の入植者植民地主義（settler colonialism）
をめぐる議論では、先住の人々の強制移動と殲滅がいかにアメリカや
オーストラリアといった国々を作り上げてきたか、ということが言わ
れます。世界史から考えると、そのような大量の殺戮と既存の文化の
破壊の上に成立してきたアメリカがあり、フィリピン人はそのアメリ
カによる支配との関係性のなかで、自らのナショナリズムを発展しな
ければならなかったということになります。

　やや我田引水になってしまいましたが、佐藤先生のご研究は、近代帝
国における教育学の成立と展開という視点を持っており、このような
世界史的な考察を可能にするものです。今後は共同研究としても、こ
ういう世界史的な関心から研究は進められるべきだと、述べておきた
く思います。

報告
植民地教育研究追究の重要性

小林茂子＊

　まずこれを読んで、佐藤先生の教育に対する植民地責任という問題関心がこんなに深く、長い間ずっと持ち続けていたということがよくわかりました。初出稿を見ると、1990 年代から 2000 年代、今から約 20 年前あたりからこのような研究に取り組まれていたと思うのですが、当時そうした研究に対して断罪だとか告発的といったような批判が出ていたということも知りました。でも、先ほど岡田先生もおっしゃっていたように、今の、人種主義やレイシズムなどが出てくるような思想状況のなかで、植民地教育のもつイデオロギー性あるいはその責任を問うといった思想的な問題を追究することは、断罪とか告発とか言っている場合ではないぐらいに重要な課題なのではないか、今の思想的な状況を考えると、当時よりも課題の重要さがより増しているのではないか、そういうことをこの本を最初に読んで感じました。

　私は、そうした批判が出ないように、というか出させないためには、この本をどう読みどこを発展させればいいのか、あるいは期待するところはどこなのかという、そんな視点から考えてみました。大きく分けて 3 点考えましたが、それから疑問点として、前のおふたりとだぶるところもありますが、疑問点が 2 つあります。

植民地教育論の射程 – 戦前と戦後をとおして考える

　まず 1 点目ですけれども、大東亜教育論者らについての説明は、3 つに分類されていてわかるのですが、戦前だけのものを取り上げて論じている。戦後も見る必要があるのではないかと感じました。全部の論者の

＊中央大学非常勤講師

戦後を見るのは大変だと思いますが、特に代表的な海後宗臣について
はみるべきではないかと思います。最近、『海後宗臣　教育改革論集―
カリキュラム・教育実践・歴史―』（東京書籍、2018 年 3 月）といっ
た本も出たので、こういうものを使いながら、戦前と戦後の思想的な
継続があったのかどうか、生き方も含めて、この人のもつ全体像を考
えていくことが必要かと思いました。例えば、海後の論理というのは、
戦前戦後の全体をとおしてどういうふうに考えられるのか、本人はど
う考えていたのかというところを植民地教育の責任論から追究してい
く。そのときの 1 つの視点がこの本のなかで出された佐藤先生の海後
批判であると思います。また、近藤壽治についても何回も論及されてい
ますが、この人の戦後についても興味をもちました。どういうふうな
戦後を生きてきたのか。149 ページに生没年が出ていますが、1970 年
まで生きた人ですね。ですから、戦後、どんなことをしてきたのだろ
うかと思います。どんな発言をしたのか、あるいはまったくしなかっ
たのか。この人の戦前の発言と戦後がどうだったのか。大東亜教育論
を戦前と戦後をとおして論じるという視点は、植民地教育の責任論を
考える上ではやはり必要なことではないかと思います。もしかしたら、
日本の教育学の学知の在り方の一端もわかるのではないかと、そんな
ことも考えました。

植民地教師の実践と評価

　次に 2 点目ですが、本書が対象としている者は本文中 3 ページにも
あるように、教育学者（教育現場の教師たちも）と書いてあるので、教
師も含めて考えていくのかと思ったのですが、4 ページのところでは
教育学者（教育行政官僚や教育実践家）となっていて、教育実践家っ
て教師のことなのかとちょっと戸惑いつつも、教師も含めて考えてい
くことかというふうに思ったのですが、後ろのほうを読むとほとんど
教育学者の言説について取り上げられていて、あまり現地の教師のこ
とは触れられていませんでした。国分一太郎は元教師で、宣撫工作員
として植民地に行ったということは書いてありましたが。植民地の教
師は当時どういうことをしたのか。先ほど帝国の中心と現地社会の教

育との連関について言及がありましたが、植民地教育では現場の教師について考えることも必要ではないかと思っています。当時の教師で今存命している人はほとんどいないと思いますが、ライフヒストリーとか聞き取りなどの調査が、少し残っているのではないかと思います。植民地の教師は教育学者のように総体として捉えられないし、様々な教師がいたので、分類などもできないと思うのですが、聞き取りとかライフヒストリー的な教育論などを思想史の研究に取り入れながら、現地の教師というのは戦後から振り返って、その当時の教育実践をどう考えているのかをみていくことは必要かと思います。植民地教師のモラルについて 132 ページの最後の段落で触れられていますが、現地の日本人教師というのは、自分自身の教育実践をどういうふうに捉えていたのか。残された聞き取りなどを読むと、いろんな人がいて、あのときは本当に一生懸命やったのだが、今から振り返れば現地の子どもたちの文化を奪っていたのではないかというふうな、まさに葛藤とか反省とかをいう人もいれば、いや、あのときは私なりにがんばったのだという自分自身を肯定したいという人もいるし、それから、まったくもう戦前のことについては触れたくないというふうに、教育とはまったく離れている、そんな教師もいる。そういうところから日本人教師が直接、現地の子どもたちに当たった経験をどういうふうに評価するのかを考えることは、植民地の教育に対する見方の幅も出てくると思うし、教育学者の論理と現場の教育との関わりという点も考えられるのではないか。教育には実践という活動があるので、他の学問とはまた違うところだとも思うのですが、特にモラルの面は現場の教師にとっては、辛いことも含まれるかもしれないですが、今から戦前を振り返るとこうだというような教育実践についての反省あるいは責任というものは、直接的な体験をした人の貴重な証言で今の私たちにとって、教育に携わっている者にとっても、示唆をうけるものがあるのではないかと思っています。これが 2 点目です。

小沢論文の「問い方」―本書第 2 部の構成

　3 点目は、本の構成についてです。第 1 部第 6 章は、「教育の植民地

支配責任を問う－小沢有作を手がかりに」というふうになっています
が、研究会のシンポジウムのタイトルは「教育の植民地支配責任を考
える」だったと思います。「問う」というふうに変わったのは、おそら
く第1部の最後の章で小沢の論文を「問う」、と鋭く問いかけて、小沢
の論文を分析したあとに、第2部はそれを受けて佐藤先生自身の問うた
内容が出てくるだろうと、第2部について私はそういうふうに読んだし
期待しました。第2部はこの研究会との関わりについて、1998年の第1
回から時間を追って整理されていてよくわかるのですが、あの第1部の
最後の章で小沢の論文を「問う」たことを受けて、佐藤先生のお考えと
か研究の成果とかなんらかの書き下ろしが1章欲しかったとすごく思
います。別にまとめなくてもいいし、研究会の関連テーマを深めるもの
でもいいし、研究途上のものでもいいと思うのですが、小沢はこういう
ふうに言っている、それを佐藤先生はどういうふうに受け止めて答えよ
うとしているのか、それが具体的に提示されると、この本の構成として
はより説得的になったのではないかと思いました。それが3点目です。

疑問点①―「反オリエンタリズム」の説明の仕方

　疑問点としては、先ほども何回か出ている「反オリエンタリズム」
という語句がやはり引っかかりました。本の中では50～51ページを
読むと「反オリエンタリズム」という語は、オリエンタリズムとは反
対の方向性があるという含意で使いたいというのはわかります。つま
り欧米列強の支配を解放する、アジアの解放というオリエンタリズム
とは反対の方向性の「反」だというふうに使っているのはわかります
が、それが再び日本オリエンタリズムに回帰することによって、51
ページにも書いてあるように、「反」ではなくなってします。つまりオ
リエンタリズムと同じベクトルの方向に最後はなってしまうというこ
とではないかと思います。とすると、「反」というのは誤解を与えかね
ない。だから駒込さんのような批判がでてくるのではないかと思いま
す。本文の説明の部分を読めばこの語の意図するところはわかります
が、うまく伝わってこない。たぶんこの「反」というのは「偽オリエ
ンタリズム批判」的な、そのような意味あいの言葉ではないかと思い

ます。もしこの語を使うのであれば最初にはっきりとした説明が必要
だったのではないかと感じました。

疑問点②―『興亜教育』の捉え方

　2 つめ疑問は、先ほど一盛先生からもあった興亜教育についてです。
本文中にもでていた下村哲夫・大江健「『興亜教育』・『（改題）教育維
新』・『（改題）教育文化』－目録及び解題」（筑波大学『教育学系論集』
第 17 巻第 1 号、1992 年 10 月）の論文を読みましたが、大東亜教育論
の部分はほんの少ししか取り上げられていません。掲載記事の目録の
分類をみると、その他の項目で「大東亜共栄圏」のところに 13 の大東
亜教育論の記事をあげているだけです。これだけしか載せていないと
いうことは、『興亜教育』に占める大東亜教育論の重要性をあまり考え
てないということだと思います。やはりこの論文は先行研究になるし、
きちんとした批判をすべきではないだろうかと感じました。本書の中
ではこの論文について、書誌的なもので参考にしてくださいという程
度しか書かれていなかったので疑問に思いました。また、『興亜教育』
の書誌情報について、本書のなかの第 5 巻第 1 号～第 3 号の一覧（128
～ 129 ページ）の内容は下村・大江論文の目録には載っていませんで
した。あるいはまた、下村・大江論文は第 5 巻第 9 号で休刊だとかい
てありますが、本書中の 129 ページには第 6 巻第 5 号で休刊とありま
す。下村・大江論文は 1992 年のもので、本書中の『興亜教育』の論文
の初出が 2000 年ですから、たぶん 8 年間の間にかなりのものが新た
に発見されたのではないか思います。そうした書誌情報も載せるとよ
かったのではないかと思いますし、逆になぜ載せなかったのだろうか
と疑問に感じました。

植民地教育研究のより広いアプローチ

　矢内原論文についてですが、先ほどの流れのなかで、矢内原に関する
論文、米谷匡史「矢内原忠雄の＜植民・社会政策＞論―植民地帝国日
本における「社会」統治の問題－」（『思想』№ 945、2003 年 1 月）が

注に入っていなかったので、ひと言補足します。米谷さんも論文のなかで佐藤先生と同じようなことを言っていて、矢内原は台湾や朝鮮の同化主義は厳しく批判しているが、南洋群島やアイヌ、沖縄の統治については、それを肯定しているという指摘をしています。それはどうしてなのかという分析ですが、先ほどの一盛先生の話に関連するのですが、植民地への日本人の労働力の移動っていうところからこれを論じています。日本人が多いところ、多数派のところはむしろ日本に同化しろ、多数派ではないところは独立を最後認めるというように、現地経済と日本人の労働力の移動っていうところから、矢内原の思想を分析しています。矢内原のこうした植民地統治についての異なった考え方を米谷論文はジレンマという言葉で指摘し、ジレンマを抱えながら、台湾、朝鮮の植民地と南洋群島や樺太のアイヌの人たちの統治の違いを矢内原は考えているといっています。同じ植民地でも統治の仕方にはかなり違いがあるのは確かで、単に植民地の同化主義批判だけではなく、やはり個々をもう少し精緻に見て、そしてもう一度全体を見るという、蛸壺には陥ってはいけないが、個々の事象を積み重ねて、最後もう1回総体を見るというような、両方の視点からアプローチする研究が必要なのかと感じました。

　歴史学研究会が『歴史学研究』（No. 862、2010年1月）の「批判と反省」の項目のなかで、永原陽子編著『「植民地責任」論』（青木書店、2009年）を取り上げていて、世界史研究の南塚伸吾さんと中東研究家の板垣雄三さんがそれについての論稿を寄せています。そのなかでは植民地責任の問題をアフリカや東欧、台湾など世界史的規模で触れられていて、先ほどの岡田先生の話ではないですが、他の国の植民地支配の責任に対して日本はどうだったのかという、かなり広い視点から日本のことを考えているように思いました。こういう流れのなかで日本の植民地支配、植民地教育というのはどのように位置づけられるのか。佐藤先生の戦前の大東亜教育論の分析を戦後と結び付けながら日本の植民地教育の問題を考えると同時に、植民地間の比較的な視野からも植民地教育の問題を論じていくということは、これからの研究会の大切な視点でもあると感じています。それは個々の国別の植民地教育の研究をより深めることにもつながるのではないかと思っています。

応答
『植民地支配と教育学』の合評に
参加させてもらって

佐藤広美*

　一盛さん、岡田さん、小林さんの報告にすべて応えることは出来ませんので、いくつか大事かなと感じた指摘に応ずることにします。

教育学における戦争責任・植民地支配責任を問う、とはどういうことなのか

　一盛さん、小林さんから、それぞれ、教育学における植民地支配責任を問う意義について、こもごも感想を述べていただき感謝申しあげます。

　私は、『総力戦体制と教育科学』（大月書店、1997 年）で、戦前教育科学研究会とその周辺における戦争責任を問うことを試み、何人かの方々との論争を整理しています。その後、教育科学に限定せず、対象を広げ、大東亜共栄圏期における教育学全般の植民地支配責任を問う、そのような論文を 2000 年前後、いくつか集中的に書きました。そこでも、植民地支配責任を問うとは教育学にとってどんな意味があるのか、論争を続けながら私の意見を述べさせていただきました。

　その後、20 年近い年月が経ちましたが、日本教育史研究や日本の教育学界で、この議論が活発に行われたようには思われません。書評の『戦時下学問の統制と動員　日本諸学振興委員会の研究』（2008 年）でも言及しましたが、取り上げておかしくない戦時下教育学界における戦争責任・植民地支配責任については検討されずに終わっていることを指摘しました。原因はどこにあるのか、なかなか難しい問題が隠されているよ

＊東京家政学院大学

うに感じます。

　まずは、戦時下の教育学における戦争責任・植民地支配責任の実態を明らかにすること。この事実究明は大事ですね。次に、戦後の教育学研究が、戦時下のこの責任問題にどう向きあってきたのか、植民地支配責任の戦後史の検討ですね。これも重要だと思います。

　小林さんが指摘されたように、海後宗臣や近藤壽治の戦時期と戦後をつなげて分析する試みがほとんどできていないように思います。戦時下と戦後を「つなげる」方法論がまだ、しっかりできていないのだと思います。これは私自身の問題でもあります。

　私は、勝田守一の教育学について、戦前から戦後の歩みを検討し、なぜ、この問題を解明すべきかの論点を提示しました（「戦後教育学と戦争体験の思想化」『戦後日本の教育と教育学』かもがわ出版、2014年）。勝田の侵略戦争への加担・屈服における痛恨の反省が、戦後における「教育的価値論」の形成につながった、という論点です。こうした方法を鍛えて、宗像誠也や宮原誠一についても、分析したいものだといまは考えています。

　なぜ、戦争責任や植民地支配責任を問うべきなのか、その積極的意義（実りあるもの）をもっと明示する必要があるのではないのかと思っています。これを究明することの学問的な面白さ・楽しさを発見することだと考えます。

　本書で私は、加藤周一や鶴見俊輔の議論を紹介しましたが、加藤はここにこそ日本の知識人の本質が明らかにされると述べ、鶴見は転向の結果として現されるさまざまな思想の中から実りあるものが分析されると主張していました。教育学はもっとこうした指摘に学ぶことが大事かなと思っています。

「反オリエンタリズム」という表現について

　近藤壽治の思想を「反オリエンタリズム」と形容したことに対する二人の違和感について簡単に述べます。違和感はそうかも知れないと思い、「反オリエンタリズムを装う論理」であったという表現がよかったかな、と今は思っています。お二人のご指摘に感謝申しあげます。

　西洋文明の一元的発展史観、つまり西洋近代文明の一元的支配とい
うオリエンタリズムを批判する、そのような考え方が近藤壽治の「近代
の超克」論には存在したことは事実だと思います。そのような巧みな
論理＝思想を使って大東亜共栄圏の教育思想を構想したことは間違い
なく、大東亜共栄圏の思想がばかげた非合理主義でしかなかった、と
いう解釈や評価をしない、ということが私の強調の一つでした。近藤
が述べた「多元的世界史像」があたかも反オリエンタリズムの思想で
あるかの如く思われた、という点を強調したかったのです。しかし、そ
の実質は反帝国主義をほのめかす程度のものでしかなかったことは本
書で述べているとおりであって、近藤壽治を「反オリエンタリズム」
と言いきることはかえって誤解を与えかねないかなと思っています。

なぜ、矢内原忠雄の同化主義批判に注目したのか

　矢内原忠雄における台湾・朝鮮の植民地政策に対する強い批判と南
洋群島の植民政策への肯定という分裂について、その原因を米谷匡史
論文（『思想』2003 年 1 月号）が論じていると、小林さんは指摘され
ました。この論文は、私の論文発表後でしたが、その後、フォローせ
ずにきた点は私の反省です。米谷さんが私と同じような結論であった
ということで、ホッとしています。
　私が矢内原忠雄をとりあげた最大の理由は、「国家の理想」（『中央公
論』1937 年 9 月）を書き、これが原因で東大を追われた（離職）こと、
つまり矢内原には日本の国家を越える精神的価値（内面における超越
的価値の存在）が形成されていたという思想史上の重大な事件は彼の
植民地政策の研究としっかり関連づいている、という点を究明したい
ということでありました。この両者をつなげて検討することが先行研
究では弱かったように感じていたからです。
　矢内原に植民地政策学研究の蓄積があったからこそ、矢内原は当時
の国家（政府）に対峙できた、この点をもっと強調してよいのではな
いのか、と言うことです。キリスト者としての信仰の問題である内面
における超越的価値の存在も、植民地政策研究を通しての学問的な国
家認識に依拠できたからこそ可能でもあったということですね。

　だから、矢内原の植民地政策研究は、他の人々とは違って、人間の感性的諸力によって得た問題の本質を理論的な批判にまで高めた、ある意味、「理論信仰」（丸山眞男）を越える分析でもあった、ということを明らかにしたわけですね。朝鮮植民地教育政策に対する彼の「落涙を禁じ得なかった」という表現は、数多の教育学者にはできなかったことだったと述べたわけですね。

『興亜教育』の刊行について

　小林さんが述べた『興亜教育』に関する書誌的な先行研究批判についてですが、実は、『植民地教育史研究年報』に「日本植民地教育の絶頂期の言説を示す中核資料・『興亜教育』」（『年報』3 号、2000 年）を記していたのです。この文章があることをすっかり忘れていて、結果としてこの本に収録しなかったのです。言い訳にもなりませんが。。。。

　そこで、『興亜教育』の収集について、実は緑陰書房の南里智樹さんが苦労を重ねて欠本を見つけ出したことを述べていたのです。この雑誌の教育史資料的意義については、あわせてこの 3 号掲載の文章を読んで頂ければ幸いです。

「ワンブック・ワンストーリー」ではない理由

　岡田さんが述べたこの本は「ワンブック・ワンストーリー」ではないというご指摘はその通りで、きびしさを感じました。社会史研究の本と比べて、教育学という学問領域の甘さということか。いや、単なる私自身の問題なのだと思いますが。

　ひと言、言い訳じみたことを述べますと、この本の主題を追いかけていく時には、どうしても「サム・ストーリー」（some story）が必要だった、という思いがあるのです。

　第 1 部は「教育学は植民地支配にどう関わったのか」という 6 つの論文を置き、第二部は「植民地教育と私たちのいま　日本植民地教育史研究会とのかかわりから」という小論（エッセイなども）からなっています。そして第三部は 7 つの「書評」です。私は、植民地支配の

責任を問う作業はなかなか難しいことだという実感がありましたから、日本植民地教育史研究会のみなさんとの交流を通して、その時々に感じた考えや気持ちを大切にしながら、この問題を深めていくしかないかな、と思ってきました。いくつかの物語を作って、植民地支配責任に向きあうというやり方ですかね。金太郎アメのような論文・論旨ではなく、あれこれと問題をつなげながら深めていくことができないか、という手探りです。書評もできるだけ、その本に学ぶことを重視しながら植民地支配責任に焦点化してみる、と心がけました。

　こうした構成の本もたまにはあっても良いかな、と思っているのですが、、、、、。

学知としての日本教育学、とくに「学知」について

　最後に、岡田さんが指摘された「学知としての日本教育学」という問題です。かなりむずかしい内容が含まれているようで、うまく答えられそうにありません。岡田さんは、「制度としての植民地主義」を問うという観点に立てば、私が述べた日本精神主義教育論、戦時教育改革論、そして大東亜教育論の三位一体は注目してよい「学知」の成立だろう、ということだったと思います。その学知の実質が、同義反復の言霊主義であり、他者のナショナリズムを認識できない自民族優越主義でしかない、という読み取り等です。ありがとうございます。

　この日本教育学という学知は、西洋植民地の学知といかなる違いがあったのか、さらに、戦後の学知の展開にどのような跡を残したのか、その点の追究を今後の課題にあげていますが、その通りだと思います。

　岡田さんがフィリピンの例をあげ、教育官僚・教育官僚革新主義の役割の重要性を論じていますが、その点はまったく同感であり、私も注目したいのですが、私は、やはり、その官僚の一人ひとりの思想形成を問題にしたいのです。思想史研究とは本来そのようなものでしかない、と思っているのです。「葛藤する植民地知識人」というテーマこそ、私のこだわる対象であり、この点が「学知」を説く岡田さんとの違いになるのかな、と思っています。

V．書評・図書紹介

書評

新保敦子著

『『日本占領下の中国ムスリム 華北および蒙疆における民族政策と女子教育』』

山本一生*

はじめに

　本書は、新保敦子氏の博士論文を元に、華北占領地と蒙疆政権における中国少数民族への教育と動員に焦点を当て、「日本軍主導の対イスラーム宣撫工作」である回教工作と女子教育を検討した研究成果である。これまで華北占領地の教育については、駒込武[1]、小野美里[2]、川上尚恵[3]による研究があるが、比較的研究の蓄積が薄い分野であった。

　一方、中国史研究では研究視座について変化が見られる。従来日中間という国家間関係から「支配／抵抗」という枠組みを前提とし、日本の支配とそれへの抵抗という二項対立が定式の歴史観として流布されてきた。しかし「グレーゾーン」という概念によって二項対立に単純化できない重層構造に注目する研究がある[4]。こうした研究は「支配／被支配」という二項対立を前提としつつ、「被支配」に協力／抵抗／忍従などという多様な側面に焦点を当てる[5]。本書もこうした研究動向に位置付けられよう。

　本書では実に多様な資料が用いられている。早稲田大学所蔵の日本回教協会関係資料や中国の檔案史料、新聞雑誌、写真資料、さらに現地調査で得た口述資料などである。こうした資料を丹念に収集し、歴史記述を多様な視座で描くことで立体感を出すことに成功している。特に新保敦子氏の眼目とも言えるのが、現地調査での口述資料収集である。証言者との出会いは時間との闘いである。そうした人々と出会い、信頼を得て、口述資料を記述することは、並大抵の努力でできることではない。本書

＊上田女子短期大学

は紙媒体の資料だけでなく、生身の人間と向き合い続けることができる根気強さと勇気を兼ね備えた新保氏だからこそ為し得た研究成果である。

本書各章の主要な大意

　以下ではまず各章の主要な大意を評者なりに紹介する。第一部は本書の前提となる回教工作を論じ、第二部で回教工作と教育、第三部で日本占領下における回民とモンゴル人への女子教育を論じる。

　序章では漢語を母語とするムスリムである回民と、漢族との矛盾を軍事的に利用しようとする日本側の「回教工作」が、回民をはじめとする被統治者となった少数民族に対して果たした「逆機能」としての役割を考察し、その「逆機能」が中華人民共和国の建国につながる道筋を明らかにすることが示される。そこでは、ムスリムでありながら中国国民であるという回民のダブル・アイデンティティの形成過程を、戦時動員から日本の敗戦に焦点を当てつつ、中華人民共和国の建国と反右派闘争、文化大革命、現在に至るまでを射程に入れて考察することが示唆される。そのため、軍事行動に伴う回教工作の政策だけでなく、統治する／される側の個々人に目を配る。

　第一章では日本軍のアジア侵攻と宗教政策について概略し、①回教圏研究所②東京回教礼拝堂③大日本回教協会が創設された画期的な年であった1938年に着目する。これらの組織は日本の軍・政・財の重鎮が関わりながらも、あくまでアジア侵略の道具としてイスラームを利用しようとしたに過ぎず、イスラームに対する日本側の認識は浅薄であったと結論付ける。

　第二章では、まず中国側の少数民族政策について、国民党は大漢族主義を少数民族に浸透させることに失敗した一方で共産党は少数民族の自治を尊重する立場を打ち出すことで支持を獲得したと整理する。つづいて1938年2月に北京で創設された中国回教総聯合会に焦点を当て、北支那方面軍のバックアップによって回教工作が進められ、回民の生活改善によって彼らの掌握を目指しながらも臨時政府がそれと矛盾する政策を実施することでかえって回民の生活を圧迫し、反発を招いたと結論付ける。

　第三章では華北占領期の北京における回民を対象とした初中等教育に
焦点を当て、回民教育の近代化への取り組みに日本の軍事支配が与えた
影響について検討する。1907 年に北京で回教師範学堂が、1925 年に済南
で成達師範学校が、1928 年に北平清真中学が設立され、師範・中学から
回民向けの短期小学に人材を供給するルートが確立する。しかし日中戦
争勃発後、回民の教員養成機関が華北からなくなり、回民のための短期
小学も統廃合を余儀なくされ、日本語教育が強制されるなど、華北の回
民教育に大きな打撃が加えられた。西北中学は中国回教総聯合会が補助
金を出して回民工作の拠点としようとしたが、カリキュラム上は日本語
や修身などが置かれていたものの、実際には統制できていなかったとい
う。

　第四章では日本での社会教育が青年工作を中心に展開されたことから
稿を起こし、日本の侵略によって華北に青年訓練所などといった日本式
の社会教育が持ち込まれたことを、新民会による民衆教育館の改変から
論じる。つづいて中国回教総聯合会による中国回教青年団の組織化に焦
点を当て、新民会や協和会が設立した青年訓練所よりも軍事訓練が多
かったことを明らかにする。さらに満洲国での炭坑労働に中国回教青年
団を動員して失敗し、実質的に解散に追い込まれて破綻する様を描く。

　第五章では蒙疆政権下における西北回教聯合会による回教工作に焦点
を当て、西北への侵攻を目論む日本の駐蒙軍が直接介入して展開された
教育事業を論じる。その特徴として日本語教育の重視、回民児童の就学
率の高さを挙げ、軍事訓練を中心とした華北での回教工作との違いを分
析する。

　第六章では中国回教総聯合会が北京に設立した実践女子中学に焦点を
当てる。1930 年代のイスラーム女子教育の勃興の中で設立され、経営難
のため日中戦争の勃発前に閉校した新月女子中学校との連続性から設立
の経緯を論じる。同校では日本式の家政科教育が導入されたものの、回
民学生からの反発のため頓挫したという。こうして日本側の思惑通りに
女子教育が展開できなかったことを明らかにする。

　第七章では善隣回民女塾に焦点を当て、回教工作が蒙疆に与えた影響
について論じる。日本語教師育成のために同校が設立され、朝鮮で小学
校教師をしていた是永章子によって日本式の塾教育による日常生活訓練

が徹底された。イスラーム圏を中心とする歴史を教授することなどでムスリム女性としての自覚を促しながらも、漢族との分離が意図され、戦争遂行のために日本軍に奉仕することに塾生だけでなく是永も絡め取られていく。一方で、日本軍の早期撤退を願う学生がおり、日本の回教工作が破綻していたことを明らかにする。

　補論では第六章と第七章の回民女子教育と比較するために、満洲国興安省興安女子国民高等学校に焦点を当てる。モンゴル人が帰依していたラマ教を排撃するために日本側によってチンギス・ハーン神話が民族統合のシンボルとして導入され、学校教育で展開されていく。こうした中、1937年に通遼で興安軍によって興安女学院が設立される。翌38年に興安南省に移管されて省立興安実業女学校となり、王爺廟に移転して軍人の関与がなくなる。さらに41年に興安女子国民高等学校となる。本章では堂本修と山根喜美子という二人の女性教師と学生との関係を、二人に宛てた書簡史料を中心に分析する。その結果、教育に真剣に向き合いながらも、自民族の復興を目指す学生と日本式「良妻賢母」教育を行う両者とのズレを描く。

　終章ではこれまでの議論をまとめる。西北部の軍事支配のために民族分断政策をねらいとした回教工作が実施された。回教工作は親日思想を少数民族に伝播することを目指しながらも、結果として少数民族のアイデンティティを形成し、日本の文化工作に抵抗するという「逆機能」の役割を果たした。そして日本はイスラーム世界と出会いながらも、政治的謀略に過ぎなかったために敗戦とともに日本側は忘却し、一方で中国大陸に残された回教工作の対象者は中華人民共和国の建国後、過酷な運命をたどることとなる。

　本書全体を通して、日本は軍と学校と宗教という3つの極が折り重なり合いながら漢族と少数民族との確執を利用した民族分断政策を進め、中国大陸に大きな禍根を残していることを明らかにした。丹念な資料調査とインタビュー調査によって回教政策の対象者が中華人民共和国建国後の政治活動や文化大革命で迫害を受け、その禍根は今も続いていることを示している。一方で末端の教育機関にまで日本の統制は及ばず、また回教工作を進める日本側が神社参拝強制などムスリムへの理解を欠く行為によって回民の人心掌握が破綻していく様を描いている。

本書が提示する課題

つづいて本書によって提示された課題を評者なりに引き受け、検討したい。

1. 「塾生活」教育を回民工作の一環として行ったことの意味

善隣回民女塾での共同生活と集団訓練という「塾生活」は日本国民高等学校の流れに位置付くものという指摘がなされている。蒙古善隣協会事業成績報告書に生活意識の矯正と民族復興の理想に生きる実践者の育成のために「塾生活」によって体得することを目的としたという。また興安女学院でも学生宿舎があり、堂本修によって「四六時中日本語を使用する環境にあった」という。こうした「塾生活」を実践した是永章子・堂本修・山根喜美子による全人的な関わりが戦後の子弟間の交流が続く背景になったと思われる。

では、日本が中国大陸に持ち込んだ「塾生活」は、中国大陸の社会にいかなる変貌を迫ったのか。さらに、これまで新保氏が行ってきた私塾研究[6]と、「塾生活」との比較することで、日本が中国大陸に持ち込んだ「塾生活」の特色が浮かびあがるのではないか。

本書は、このように中国大陸で展開された日本側の「塾」と、それを支援した軍、さらに地域社会や宗教共同体との関係はいかなるものであったのかという課題を突きつけている。

2. 連続性と断絶面の具体相

新月女子中学と実践女子中学との関係について、教職員や一部の学生が重なることから「実践女子中学は新月女子中学の継承と認識されることもある」としている。しかしながら、劉東声の著書から日本人の意図の下に設置された学校であるため全くの別組織であるという見解を踏襲するに留まり、連続性と断絶面の具体相の検討までは行っていない。

こうした観点から参考になるのが、石川裕之の「遺産」の継承についての整理である。石川は、日本統治下の朝鮮での高等教育が「解放」後の韓国高等教育にどのような「遺産」を残し、いかなる影響を与えたのかという観点から、「遺産」を3つに整理している。それは、①学校教育

システムや教育行政システムなどの「制度的遺産」②校舎や施設・設備、蔵書などの「物的遺産」③特定の知識・技能・態度・志向性を身に付けた個人や彼らの間に形成された人的ネットワークなどの「人的遺産」とまとめている[7]。

　この観点を用いると、実践女子中学は新月女子中学から「制度的遺産」と「人的遺産」を継承したが、校地が異なるために「物的遺産」は継承しなかったと見做すことができよう。今後はこうした具体的な検証が求められる。

3. 「逆機能」

「本書の課題は、日本占領下での中国少数民族の教育と動員に焦点をあて、回教工作の果たした逆機能ともいえるその役割を考察し、結果的に中国の国民統合にいかなる作用を及ぼしていくのかを明らかにすることにある」としている。新保氏は「逆機能」についての定義を明記していない。「逆機能」という用語については、マートンが「順機能・逆機能」と「顕在的機能・潜在的機能」としてまとめている。前者がシステムの維持に対して促進的に作用するか、それとも阻害的に作用するかという軸であり、後者が行為の当事者の意図した結果か、それとも意図せざる結果かという軸である[8]。この枠組みを参考に、以下では考察を行う。
「教育のイスラーム化が主張され、イスラームの信仰が唱道される中で、回民は日本占領下にもかかわらず、民族としての自覚を高めていった。またイスラームを信仰する民族としての独自性を打ち出すことは、日本の本来の意図に反して、日本の支配に対して距離を置くことにもつながっていく」とし、また日本の文化政策に抵抗した中国回教総聯合会の趙国槙を事例に「日本占領下において日本人と回民とが、単なる支配−抑圧の関係ではなかった」と指摘する。さらに日本側がチンギス・ハーン神話を復活させて民族統合のシンボルに利用したが、逆に神社参拝の際にチンギス・ハーンに祈祷した学生を取り上げ、日本が持ち込んだ「伝統」によって天皇制の相対化を図り、抵抗する姿を描く。こうして「日本の軍事力を背景とした強制的なムスリムの組織化は、かえって独自の宗教・文化を堅持しながらも中国に帰属する一民族としての意識を覚醒させ、ナショナリズムを高揚させるという逆説的な役割を果たした」とまとめ

る。こうしたマクロな側面だけでなく、是永章子・堂本修・山根喜美子
といった日本人教師と、学生というミクロな側面に焦点を当てる。両者
が真剣に教育に向き合いながらも、むしろだからこそ、学生は後世にお
いて対日協力者として迫害されることとなった。教育熱心であることが、
迫害されることにつながるという教育の持つ「潜在的機能」と「逆機能」
の象限にまで言及していると言える。一方でこうした迫害がありながら
も、学恩に感謝する学生と、教師との誠意あふれる交流という「顕在的
機能」と「順機能」の象限があったことは、ミクロな視点に寄り添う新
保氏だからこそ描けた側面である。

　こうして、回民やモンゴル人という少数民族というアイデンティティ
そのものが、日本の民族分断政策の中で強調されることで形成されてい
き、「自民族の復興」という物語を伴うことになった。すなわち、「自民
族」というアイデンティティは、日本との関わりの中で顕在化することに
なったとは言えないだろうか。こうした人々は「支配／抵抗」の二項対
立から漏れた存在であり、そのため日本側に協力したとして中華人民共
和国建国後に迫害された人々であった。そうした人々に新保氏は寄り添
い、彼ら／彼女らの人生そのものに敬意を表す研究姿勢が見られる。「文
化侵略」や親善交流の「美談」といった政治的評価に回収されて短絡的
なレッテルを貼ることなく、「グレーゾーン」における複雑な諸相を描く。
そのため本書につづく研究が、対日協力者を巡るグレーゾーン研究とし
て発展することが期待される。

　なお、本書でも随所で『京都大学人文科学研究所所蔵　華北交通写真資
料集成』からの引用がある。同書の土台となった華北交通写真3万5千
点あまりが「華北交通アーカイブ」として公開されている。http://codh.
rois.ac.jp/north-china-railway/ 写真資料と言った非文字資料を用いるこ
とで、さらなる研究の進展が期待される。

註

1　駒込武「日中戦争期文部省と興亜院の日本語教育政策構想－その組織と事業－」『東京大学教育学部紀要』（第29巻、1989年）および駒込『植民地帝国日本の文化統合』（岩波書店、1996年、第6章）。

2　小野美里「日中戦争期華北占領地における日本人教員派遣－－顧問制度との関連に注目して」（『人文学報』（首都大学東京都市教養学部人文・社会系、430号、2010年）および「「事変」下の華北占領地支配：教育行政及び第三国系教育機関との相克をてがかりに」（『史学雑誌』第124編3号、2015年）。

3　川上尚恵「占領下の中国華北地方における日本語教員養成機関の役割－省・特別市立師範学校卒業者の進路と社会での日本語需要から－」（『日本語教育』125号、2005年4月）および「占領下の北京特別市における市公署職員を対象とした日本語教育－語学奨励試験と日本語クラスを中心に－」（『日本語教育』132号、2007年1月）。

4　高綱博文「〈グレーゾーン〉概念の諸系譜」（日本中国友好協会『研究中国』第7巻）はプリーモ・レーヴィをはじめとする諸研究を整理し、「抵抗」か「協力」という二分法では説明できない領域としての「グレーゾーン」研究を提起した。

5　堀井弘一郎「「抵抗」と「協力」が溶けあう街」（堀井弘一郎・木田隆文編『戦時上海グレーゾーン　溶融する「抵抗」と「協力」』アジア遊学205、2017年）p.7。

6　新保敦子「中華民国期における近代学制の地方浸透と私塾－江蘇省をめぐって－」（狭間直樹編『中国国民革命の研究』京都大学人文科学研究所、1992年）。

7　石川裕之「国立ソウル大学校医科大学の設立過程に見る植民地高等教育の「人的遺産」」（酒井哲哉・松田利彦編『帝国日本と植民地大学』ゆまに書房、2014年）、p.437。

8　柴野昌山・菊池城司・竹内洋編『教育社会学』（有斐閣、1992年）p.187。

書評

レオ・チン著
『ビカミング〈ジャパンニーズ〉
植民地台湾におけるアイデンティティ形成のポリティクス』

陳 虹彣*

はじめに

　十数年前の出来事であった。日本に留学して間もない頃、日本の友人にパスポートに書かれている国名は何だと聞かれた。台湾ではなく、中華民国だと答えたら、友人が「昔学校で学んだ教科書では、中華民国はすでになくなっていると書かれている記憶があるんだけどね」とやや困惑した様子で言った[1]。当時は「まだ国民の私はここにいるよ、勝手に殺さないでよ」と冗談にして笑い飛ばしたが、十数年が経った今、「台湾」の日本での認知度は観光、親日などの話題とともに上がったが、同じような会話もまだどこかで起こっているのであろう。観光客がたくさん来ている台湾、親日の台湾、植民地だった台湾、「中華民国」という国名を持つ台湾、中国の一部だと主張されている台湾、実は日本と国交のない台湾。日本人にとっての「台湾」とは何か、その土地に生きる人たちの「アイデンティティ」はどのようなものなのか、それはどのように今の日台関係に影響しているのかは、日々交流が盛んとなった今、ぜひ日本の人々に関心を持ってほしい課題である。

　『ビカミング〈ジャパニーズ〉：植民地台湾におけるアイデンティティ形成のポリティクス（原題：Becoming "Japanese"：colonial Taiwan and the politics of identity formation）は著者のレオ・チンが博士号を取得した学位論文であり、2001 年にアメリカで出版された。2006 年に台湾で中国語版も出版された[2]。本書の書評は多数あり[3]、日本語版が刊行される前に日本でも数編の書評が掲載されている[4]。本稿は中国語版を参考

＊平安女学院大学

にしながら、日本語版の内容を中心にまとめたものである。

1 著者について

　レオ・チンは台湾出身のデューク大学アジア・中東研究学部准教授である。瀋陽出身の父と台南出身の母を持つ著者は 1962 年に台北で生まれ、6 歳の時に台南へ移り、母方の親族と 10 歳まで一緒に生活した。10 歳の時に両親と日本の大阪へ引っ越し、国際学校に入学し、高校まで日本で暮らした。高校卒業後、アメリカ・ロサンゼルスの Occidental College に入学し、のちカリフォルニア大学ロサンゼルス校で修士号を、カリフォルニア大学サンディエゴ校で博士号を取得した。UCSD では英文学者マサオ・ミヨシに師事し、日本文学を専攻した。台湾から日本へ、さらにアメリカへ移り住む重層的な生活・文化体験が、著者にポストコロニアル研究・文化研究に関心を持たせた理由であろう。なお、雑誌のインタービューで、コロニアルに関する歴史問題を取り上げる理由に、マサオ・ミヨシから「歴史的思考」—すなわち文化的テクストが形成する可能な条件—を常に意識しなければならないと学んだと述べている[5]。

2 本書の構成

　本書は序章、第一章から第五章で構成されている。序章の「かつて「日本人」だった人々」の冒頭に紹介されるのは、台湾の原住民が靖国神社に戦死した高砂族の霊魂を返してほしいと強く求めるが、日本側に断られた 1979 年の出来事である。このエピソードが露呈したのは、日本が過去の植民地支配の直視を拒み続けている現実と、「日本化された日本人」と「生来の」日本人の間に隠されていた不平等である。このような戦後期・ポストコロニアル期における日本と台湾の間に起きた様々な事象は、日本の植民地統治が台湾に残した文化的・政治的「遺産」の影響でもある。さらに、著者は台湾における日本の植民地主義に、中国の存在とその影響力についても言及している。「植民地台湾、帝国日本、民族主義中

国」の間の三角関係のなかにあって、日本植民地統治期の台湾人のアイデンティティが構成された。そしてそれ以来の「台湾意識」「中国意識」をめぐる様々な問題は今でも台湾の統一・独立論争に影響し続けていると指摘する。

　このような認識のもとに、著者は「日本植民地主義の文化的・政治的アイデンティティや歴史性に対する関心」を中心に、植民地期の台湾アイデンティティ形成過程にみられる多様なアイデンティティ形成のなかから代表的な事例を選出し、それらを五章に分けて検証していく。

　第一章「台湾の植民地化——日本による植民地化、脱植民地化、コロニアリズム研究の政治学」では、著者はヨーロッパ中心主義的な欧米のコロニアル／ポストコロニアル研究が陥った多くの問題を指摘する。そのなかで日本の植民地統治にみられた特殊な条件や戦略を否定しないまでも、「グロバールな資本主義・植民地主義の普遍性と、日本に特有な事例」との相互関係と相互依存を浮き彫りにしたいと述べる。さらに、「帝国解体時における脱植民地化プロセスの欠落が、日本と台湾双方に、その特殊な植民地主義的関係や日本の総体的な植民地遺産に向き合うことを阻害した」とする。結果的に「台湾人は日本に対する植民地主義的関係を再編成・再想像」し続けることが可能となる状況が作られ、それが今なお台湾人のアイデンティティの形成や変化に影響を与え続けることとなっているという。

　第二章「絡み合った抵抗——関係性、アイデンティティ、植民地下台湾における政治運動」において、著者は焦点を植民地期に戻し、台湾の中国大陸に対する民族的・政治的アイデンティ創出の歴史的背景と、日本帝国全体における「半自律的な」台湾アイデンティティの形成について考察を行った。台湾に起きた反植民運動は「自由主義」、「マルクス主義」「日本」「中国」の4つの認識論的でかつ地理的座標から構成されると主張し、「階級」の要素が持つ影響にも注目している。

　第三章の「同化と皇民化のあいだ——植民地プロジェクトから帝国臣民へ」では、著者は日本の植民地主義による台湾人の「同化」と「皇民化」の違いを論理的に分析し、それが台湾人のアイデンティティ形成にどのように作用したのかを明らかにした。台湾の人々にとって、あいまいな同化政策で常に不完全な帝国臣民とみなされ、日本化をしなければ

ならないという焦りが掻き立てられた結果、「アイデンティティの葛藤」
が植民地台湾の支配的言説として浮上したというのが著者の主張である。
つまり、皇民化は同化に由来するが、同化の延長ではないということで
ある。皇民化は同化の矛盾とアイデンティティの衝突を隠すことによっ
て、被植民地・被植民者の在り方とアイデンティティに制限を加え、ポ
ストコロニアル期の現在も影響を持ち続けている植民地イデオロギーで
あると述べる。

　続いて第三章の分析をもとに、台湾原住民を対象とする第四章の「反
乱者から志願兵へ――霧社事件と原住民をめぐる野蛮と文明の表象」と、
「本島人」を対象とする第五章の「「濁流の中へ」――『アジアの孤児』
にみる三重意識と植民地の歴史学」が展開されている。

　第四章は1930年の原住民による最も激烈な反植民地武装蜂起である
霧社事件の公式言説と非公式言説の分析を通じて、霧社事件に対する認
識は依然として、「植民者／被植民者」「自己／他者」「日本人／蕃人」の
二元論的区分に止まっていることを明らかにした。原住民に対する言説
のほかの可能性を探るために、著者は「野蛮人」「呉鳳伝説」「サヨンの
鐘」などの文学テクストの分析を試みる。そこで指摘されたのは、植民
者日本の被植民者である台湾原住民に対する認識は、結局その「差異性」
に基づくものであったとする。また、「呉鳳伝説」と「サヨンの鐘」は結
局原住民が持つ「差異性」を強調することとなり、さらに日本国のため
の「犠牲」を奨励する宣伝ともなっている。著者は志願兵になることは
霧社事件後の原住民にとって、よりいい政治経済条件を手に入れ、平等
視されるための唯一の道かもしれないと述べている。原住民が「反乱者
から志願兵へ」となった事実は、「植民地主義が彼らに強いることになっ
た異化と打撃を乗り越えるための、一時的な超越に過ぎないという。

　最後の第五章では、著者は「植民地台湾、帝国日本、民族主義中国」の
三角関係に戻り、当時「本島人」と呼ばれた人たちのアイデンティティ
形成について論じる。著者は呉濁流の『アジアの孤児』を主な分析テク
ストとし、植民地台湾出身の主人公胡太明が帝国主義日本と民族主義の
中国に対する感情や意識の変化や葛藤についての分析を行う。胡太明は
台湾、日本、中国の間で「移動」を繰り返し、どの地にいても「純粋な」
存在として認められない現実を描きだす。そして、最後は中国でスパイ

容疑をかけられ、台湾へ逃げ戻ったが、戦争の激化によりまた中国の戦場へ送られる。こうして様々な現実や矛盾に翻弄された結果、胡は最終的に発狂してどこかに消えてしまう。

　太平洋戦争が激化した時期を背景に描かれたこの物語に、「支配的な日本植民地統治の現実、残余的な想像上の中国、現出的な台湾意識の間に同時に現れた緊張、差異、競合」が語られ、再現されている。著者はそこに示されたアイデンティティの形成過程は、「アイデンティティの矛盾と多元性にこだわり、完全で確固とした「日本人性」「中国人性」「台湾人性」を拒む根元的な意識を概念化した」ものであり、示唆的であったと評している。そして本書の最後に、著者は再び本書の関心である植民地のアイデンティティに戻り、その形成は当時の「言説、社会構造、反復、記憶、感情投入」に依存するものであり、「偶発性」、「流動性」を持っていると強調した。

3　コメントと問題提起

　著者は日本語版への序文に、本書を書くきっかけについて、アメリカの学術界におけるコロニアル／ポストコロニアル研究という萌芽的な領域へのアジアからの試みであり、アメリカのアジア研究において台湾研究が周辺化されていることを危惧しているためであり、コロニアル研究における「文化」の重要性とその混乱について主張するためであると綴っている。本書は歴史研究ではなく、「文化」と「歴史」という要素を重視しながら、文学作品を通して植民地台湾のアイデンティティ問題に挑んだ植民地文学研究だという位置付けである。本書が出版するとすぐに文化研究や歴史研究者に注目された。新進気鋭の研究者だからこその新しい観点や解釈が様々な反響を呼んだ。

　歴史・文化の視点を重視するコロニアル／ポストコロニアル研究として、著者が展開する植民地台湾の人々が日本人へと〈ビカミング〉する過程の葛藤と、日本人化は進行形のまま中断されて完成形になることはなかったことについての分析は画期的である。その一方で、最も多くの議論を呼んでいるのは、著者がその論証に使用したテクストの選択と資

料引用の仕方である[6]。複数の書評が指摘するように、歴史を強調する本書でありながら、一次資料より二次資料の引用が目立っている。そのことが植民地政策やそれがもたらした問題点を論じるうえで信ぴょう性に欠けるきらいがある。また、文学作品を分析対象としながら、テクストの選択のなかで排除されたテクストについての説明が不十分であることに懸念が持たれている。また、本書の論述は植民地台湾の様々なアイデンティティの形成に注目するとしているが、結局は選択されたテクストゆえに限られた社会階層の話に限定されてしまった。当時の公文書や新聞、自伝、口述歴史、あるいは台湾人作家が日本語以外で書いた作品も取り入れたら、より完全な分析ができるのではないかと思われる。

　また、一部の書評では、本書の論述は意図的に台湾人研究者との対話や彼らの研究成果を避けていると指摘された。台湾人研究者との対話を積極的に行わなかった理由について、本書の主な目的は「日本の台湾に対する植民地論述」を批判することにあると著者はインタビューで明らかにした。そこには、著者が主張する「日本の脱植民地化はいまだ発生していない」、つまり「脱植民地化の欠如」という認識が根本的にある[7]。著者は丸山真男以降の戦後日本の言説空間は閉ざされたものであるとしている。戦後日本に関する議論は戦争の責任と植民地主義に制限されたままで、日本が植民地統治・占領したことの影響や歴史上の位置づけを放置したままでは、ポストコロニアル期の現在に立ち現れてきた東アジアの問題とその解決に向き合うことはできないというのである。本書は植民地台湾のアイデンティティ形成を問うと同時に、日本植民地主義の「遺産」を再認識・再検討させるためのものでもあった。本書の訳者である菅野の書評に指摘されているように、その問いはアメリカでも台湾でもなく、「日本に向かって投げかけられているのである」[8]。

　本書の研究上の貢献及び問題はすでに多数の書評で評されているが、あえて評者が物足りないと思う点についていえば、植民地の「教育」について触れなかったことであろう。日本が台湾に施した「植民地教育」、特に初等教育段階は日本語教育を中心に、国民精神の養成と実学知識、生活能力の育成を行っていた。台湾人を対象とする学校は当時の台湾の人々にとっては学びの場であり、「日本人」になるための場でもあった。それと同時に、また植民地主義による「差別」を知る場でもあった。植

民地台湾の人々の「アイデンティティ」を作り上げる、教え込む手段としての「植民地教育」の影響は、今でも植民主義の遺産として台湾に残されているため、植民地台湾のアイデンティティを論じるのにあたって考慮すべき点なのではないかと考える[9]。

本書に関する著者のインタービューで最も印象的だったのは、この本を書くのにあたって一番難しかったのは、自分が戦後の台湾における本省人と外省人の衝突に対する理解が足りなさ過ぎて、「もし台湾にいたならば、このようなこの本を書かなかったかもしれない」と述べたことである。現在台湾を二分する独立・統一の支持勢力、もしくは現代台湾におけるアイデンティティの分断の原因は、この国民党の一党独裁、台湾の民主化、中国問題などによって深刻化した外省人と本省人の対立問題が深くかかわっている。この問題を意識した『ビカミング〈ジャパンニーズ〉』はどんな内容になるのか気になるところである。

おわりに

日本語版のための序文に著者はこう書いている。「私が戦慄を覚えるのは、本書が、アメリカ、台湾、日本の、この十五年間でドラスチックな変化を遂げた領域においていかに読まれるのか、という部分にあるのです。」

15年前に著者が日本に向けて投げかけた問いは、現在はどうなったのであろうか。日本にいて常に感じているのは、戦前から戦後、現在に至るまで、日本の台湾に対する態度、感情、待遇に何か重要な部分が無視され、欠落したままにされている感覚である。韓国、中国、東アジア全体、そして世界のなかで、日本の今後の立ち位置を決めるのに、著者が提示した「脱植民地化の欠如」という問題に対する自覚が不可欠なのではないかと思う。脱植民地化が完成されていないのは台湾も同じである。戦後国民党の一党独裁、民主化後の社会内部の紛争、そして中国による脅威の影響などにより、むしろ昔の日本植民地統治を肯定するような傾向が過剰に表れているのも事実である。様々な課題が日本と台湾の双方にまだ残されている。

　最後に、台湾に生まれ育ち、日本に生きることを選び、日本による台湾植民地教育の研究に携わる者として、そして今も台湾、日本、中国の三角関係のなかに生きる者として、評者自身のアイデンティティは揺れ続けているが、本書の学問的価値に揺らぎはないと評したい。

著者：レオ・チン
訳者：菅野敦志
ISBN：978-4-326-20057-3
出版年月：2017 年 8 月
判型・ページ数：A5 判・296 ページ
定価：本体 7,500 円＋税

註

1　台湾は 2003 年からパスポートの表紙に英語で Taiwan と併記するようになった。

2　荊子馨著・鄭力軒譯（2006）、『成為「日本人」：殖民地台灣與認同政治』、麥田出版：台北、287 ページ。

3　中国語の書評については、陳德智（☒ 2004）の「評介荊子馨《變成「日本人」：殖民地的台灣與認同形成的政治》」（『史耘』第 10 期、pp101-107）、蕭明禮（2007）の「後殖民研究的去脈絡化困境與轉機 -- 述評荊子馨著, 鄭力軒譯,《成為「日本人」-- 殖民地臺灣與認同政治》」（『臺大歷史學報』39、pp369-384）、陳世榮（2007）の「評介荊子馨著.《成為日本人：殖民地臺灣與認同政治》」（『兩岸發展史研究』4、pp277-291）などがある。

4　日本語による書評は次の数編がある。金子えりか（2004）、「Leo T.S. Ching: Becoming Japanese- Colonial Taiwan and the Politics of Identity Formation」、台湾原住民研究第 8 号、pp233-245。菅野敦志（2007）、「LEO T. S. Ching, Becoming "Japanese": Colonial Taiwan and the Politics of Identity Formation」、『アジア研究』53 （2）、pp95-99。簡宇敏（2011）、「レオ・チン著『「日本人」になる　植民地台湾とアイデンティティ形成の政治』を読む」、『クヴァドランテ』（12・13）、pp207-212。

5　柯裕棻（2006）「《成為日本人》作者荊子馨訪談」『大聲誌』2006.12.06 公開、http://www.bigsound.org/bigsound/weblog/002443.html（2019.01.15 アクセス）。

6　前掲、蕭明禮（2007）、菅野敦志（2007）、陳世榮（2007）、簡宇敏（2011）などによる。

7　柯裕棻（2006）、「去殖民與認同政治 -- 訪談《成為「日本人」》作者荊子馨」、『思想 2』、pp255-267。

8　前掲、菅野敦志（2007）、p99。

9　直接アイデンティティ形成の問題をテーマとしないが、植民地台湾にお
　ける教育、文化や同化について、駒込武の『植民地帝国日本の文化統合』
　（1996.03.26、岩波書店）や陳培豊『「同化」の同床異夢—日本統治下台湾の
　国語教育史再考』（2010.09.01、三元社）などの研究がある。

書評

藤井康子著

『わが町にも学校を
——植民地台湾の学校誘致運動と地域社会』

中川 仁*

　本書は1920年代にあったある地域のある街で興った、学校誘致に関わる行政と民衆が手掛けた運動の歴史を詳細に述べたものである。現状の台湾における教育関連に関わる研究分野においては、行政や民衆運動を扱ったものはそれほど多くなく、このようなミクロ的な視点で、その資料に忠実にあたり、言及したものは特筆すべきものといえよう。そこにはオーラル・ヒストリーを綿密に記述したことがらも書かれており、その文章からは、当時のことを回想として捉えることができる。本書を書評として扱う者としては、この時期に現れた歴史的な背景に触れながら、その詳細を語ることとする。

　台湾におけるこのようにみられる社会運動の様相は、文化創生との関わりのなかで生まれたものであると思われる。つまりその要因は、日本統治下の台湾の文学運動の発端や台湾語の書写方法の構築を試みる運動と大衆を巻き込み啓蒙していく一つの出来事をきっかけとしていく部分と呼応する。それは台湾の人々の主張を貫く社会運動と文化活動のはじまりとして、日本統治下の苦悶する歴史のなかで生成されたものであり、後に台湾の人々に根付く意識構造の変革に結びついていくものである。

　日清戦争後、日本への台湾割譲により、体制側の政策が非体制側の識字率と独自の高い民度を構築させ、文化的活動を通して、体制への批判をおこなう姿勢が徐々に備わってきたということとも関わっていくのである。そして武力抵抗から社会運動と文化活動へと変化し、台湾の人々への自主独立の思想をかきたたせたのである。

　その根幹たる思想の生成はまさに1920年代の日本の状況[1]とも連動

＊明海大学

し、植民地台湾においても、一つの形を形成していく。

　台湾の様相を次のようにまとめる。

・台湾の割譲
・日本統治下の台湾
　　―日本語同化政策
　　―日本の植民地政策
　　―抗日運動
　　―台湾の人々の政治運動と社会運動（同化会組織の発端を機に台
　　　湾人は、日本人の正義を目の当りにし、六三法[2]の撤廃運動な
　　　どの政治運動に目覚める）
　　―内地留学生の活動
・台湾の文学運動
　　―郷土文学論争（台湾の言語構想と大衆への言語意識を植え付け
　　　る方策、台湾アイデンティティの模索と台湾ナショナリズムの
　　　構築）
　　―台湾語文の生成

　この日本統治下で興った台湾の文化的活動は、日本の軍国主義の高揚
により、戦後になって大きな変革を成し遂げていくことになる。ここで
は紙幅の関係上、戦後については割愛するが、台湾の歴史はつねに外来
政権下であり、半植民地体制のなかで生成されたものであることは周知
の事実である。17世紀から20世紀にかけて台湾は約4世紀にわたる植
民地支配を受けた地域としての歴史をもっている。

　しかし本当の意味での苦悶する歴史の始まりは、日清戦争後の台湾割
譲にあり、日本の台湾領有に始まったときからとされる。つまり通史的
にみていけば、二つの植民地支配を受けていることから、日本統治時代
においては「体制側への屈服」と「同化」による台湾の人々への抑圧で
あり、戦後は中華民国政府の台湾接収、そして台湾の人々への「政治的
活動への制限」と「中華社会への同化」の抑圧であった。植民地下台湾
では普通教育の普及により、台湾の人々の文化水準は上がり、日本に次
いでアジアで2番目に識字率の高い地域へと変容していった。そして台

湾での教育水準を増すことによって、日本への武力抵抗を出発点とした
抗日運動は、政治的な抵抗へと変化し、1918年には六三法撤廃運動が始
められ、1920年代に入り、第一次世界大戦の終結間際に、ウイルソンが
提唱した民族自決の言説が民族運動として発展し、台湾にもその風潮が
押し寄せたのである。つまり日本統治時代の台湾の人々の主張は武力抵
抗から政治的抵抗へと変化し、小さな政治結社が中心となり、民族自決
の主張が謳われるようになっていった。そして中国大陸とは別の観点で
台湾のナショナリズムの基調が形成され、知識階層も日本の近代思想に
触発され、日本にいた中国人留学生から大陸における文字改革運動や文
学革命の動向を聞き、「植民地台湾」のあるべき姿をどうするべきかを考
えていったのである。

　日本統治時代の台湾には台湾の人々と日本人との差別がはっきりと現
れていて、板垣退助は、台湾の人々は日本人に同化すべきであると主張
した。肯定的に考えれば、その主張は台湾の人々にとってかえって、日
本人に対する反発的な精神とアイデンティティを強めるきっかけとなっ
てしまった。その指導的立場にあったのが林献堂[3]である。台湾の抗日
運動は西来庵事件[4]をもって終息し、六三法の撤廃運動や台湾議会設置
請願運動という一連の民族運動に関わる政治的な運動が展開された。日
本統治時代の台湾ナショナリズムの生成は、多数の政治運動の積み重ね
でしかなく、その抵抗が成就するのは、むしろ戦後になってからといえ
よう。ここでいえることは日本統治時代に武力抵抗をはじめとする活動
が、教育の普及によりその運動は政治的な運動へと変化し、文化的活動
から台湾民族のアイデンティティとナショナリズムが構築されていく流
れがあったことを意味する。台湾民族が自立することを考えたというこ
とになり、中国大陸とは切り離して考えていくことが、この時代の背景
として理解できる。そして植民地下の台湾では、日本の軍国主義の高揚
とともに、同化政策が強化されていくのである。植民地統治下の学校誘
致の問題と地域社会の変容は、社会の風潮と歴史的な経緯との連動から、
その様相が生成されたものとして捉えるのが妥当である。植民地下の教
育制度の発達が、台湾の人々の高い民度を構築し、それを多方面に運用
したことが、この社会運動の力点となる所以である。

　本書が扱う南部のこの問題については、まさにこれらの歴史的な経緯

により、行政と人々が地域社会の発展のために、尽力した回想であり、台湾の人々のあるべき姿の象徴とされるものである。

　本書の概略を示すものとしては以下の通りである。

　序章では、日本統治下において、台湾の人々が上級学校に進学するということがどのような意義をもっているのか、そしてその地域社会に学校がどのように誘致されるべきであるのかを資料を基に解説がなされている。南部という地域社会に着目し、学校がどう存在するべきであるのか、台湾における学歴社会の形成をも含め、本書の総論的な立場でそれを論じている。

　第1章は地方制度を基に展開されていた一つの生成過程をたどることによって、それを「自治意識の萌芽」と位置付けている。とくに1920年代に施行された五州二庁制について、「自治」の観点からその行政がどう政治的なことがらに関わっていったのかを明らかにしている。

　第2章からそれ以降の章については事例研究として、地方制度や教育令の改正に伴って、それぞれの資料に従って、地域振興や教育に対する要求をした人々の活動などが記されている。またそこに関わる事件等にも言及している。とくに第2章及び第3章と第4章は1920年代の前半

の出来事を網羅し、その運動の展開を述べたものである。第5章及び第6章と第7章では、1920年代の後半に起こった運動について述べている。そして補論では、学歴社会のあり方を考えさせられるものであり、数字による実態である。終章ではこれらの地域社会とその運動の状況を総括的に扱いまとめている。

　台湾の学歴社会の現れは、上述でも述べたことではあるが、体制側の台湾における教育制度の発達が、民度形成と台湾の人々の意識構造に改革をもたらし、ある意味で社会運動を興すための土壌を構築させたといってよい。しかし時は「植民地台湾」という地域であり、自分たちの主張をどのような形で、表現していけばよいのかということが、課題となり、このような現象が起きたと思われる。台湾の人々の歴史は、この時期から学歴の高さを得ることによって、日本人社会との同等の資格や権限を自らの形で手にしようとする運動であったということが本書からうかがうことができる。

註
1　この時期の日本においての風潮は、政治的な背景では大正デモクラシーの時期にあたり、民主主義運動が展開され、文化的な活動では文芸復興も思わせるふしもあり、文学、芸術、音楽、演劇など花開く時期でもあった。しかし同時に農民問題や労働問題などもおこり、困惑した状況にあったことも事実である。そしてそれに呼応する形で、台湾でも「台湾文化協会」が分裂をおこし、左派は台湾共産党を、右派は台湾地方自治連盟を、中間派は台湾民衆党をという形でそれぞれの主張を繰り返し、闘争を重ねていく。農民や労働者もその運動に加わり動員されていた。この時期の最も大きな農民運動は、台中二林における蔗農組合の労働争議であり、それが嚆矢とされている。そして労働運動も同時期に盛んにおこなわれるようになっていく。
2　法律六三号とは明治29年に発布された法律であるが、大日本帝国憲法と国内で施行されている法律を新領土である台湾において、これから法律を施行するかどうかが議論され、新領土統治方針として、議会は3年の時限立法の制約付でこの法律を通過させた。またこの六三法は後になって、さまざまな議論が展開され、論争として発展していく。
3　林献堂は台中の名家出身で、霧峰の区長や台湾製麻会社社長などを努め、一方で日本に亡命中の梁啓超と知り合い、政治的運動に加わっていく。板垣退助の台湾同化会に協力し、六三法の撤廃運動に尽力していった。また台湾議会設置運動や台湾文化協会の総理などを歴任し、台湾民報社の社長

を努めるなど日本統治下に活躍した代表的な政治運動家である。

4　ダバニイ事件ともいい、日本統治時代における最大の抗日運動とされている。逮捕者 2000 名のうち、903 名に死刑判決がいいわたされたが、200 名余が処刑された。首謀者の余清芳は苦労の末、夜間公学校で日本語を学び、その後巡査補などを経て、反日運動へと加わり、この事件を起こしたのである。

参考文献

王　育徳（1970）『台湾―苦悶するその歴史―』弘文堂

王　育徳（1993）「補論　日本統治下の苦悶―言葉と文学」『台湾海峡』日中出版

向山寛夫（1987）『日本統治下における台湾民族運動史』中央経済研究所

VI．旅の記録

中国の二つの戦争記念館を訪ねて
——中国人民抗日戦争紀念館と第731部隊罪証陳列館——

田中 寛*

1. はじめに

　2018年の夏、数年ぶりに中国に長期滞在した。日中友好平和条約締結40年、また改革開放経済の開始から40年の節目の年でもあり、さまざまな感慨が脳裏を過ぎった。数日から1週間の短期滞在と異なるのは、日常の時間が広がっていくことで、例えば食事にしても移動にしても、一般の市民たちと同じ基本的な行動を共にしているという、たとえ錯覚であっても一時的な「感覚の共有」が生まれることである。何気なく店に入って買物をしたり、いつものように食堂、レストランに入って注文し食事をしたりする。使っている武骨な中国語がいつしか角が取れていくような気がする。こうした小さな体験の中にも、長年の蓄積による庶民の表情生活、あるいは文化の「型」といったものを無意識裡に享受することができる。体感とはこのような効果を言うのだろう。小文では旅の記録として、北京、山西省の太原、臨汾、そして中国東北の黒龍江省ハルビンの今の様子を紹介し、とくに北京とハルビンに滞在した際におとずれた二つの戦争記念館について紹介したい。

2. 北京点景（1）

　勤務大学との交流協定による客員研究員の資格で北京市内の大学を拠点として、まず北京に30日ほど滞在した。冬場とはちがってそれほど

＊大東文化大学

大気は汚れてはいなかったが、北京だけでも一日に数千台が新たに登録されているという車社会は壮絶でさえある。PM2.5の濃度がどのくらいか分からないが、道行く人のマスク姿からも汚染の深刻度がわかる。日本では風邪を引いていないのに、また花粉症予防でもないのに、まるで自己防衛のようにマスクをしている人が多いと聞くが、ここではそれは分からないとしてもカラフルなマスクをしている若者たちもいた。商店に行くと日本とは異なる形状のマスクを売っていて試しに買ってみたが、サイズが小さかったためか紐がきつく長くはめていられなかった。

　大学構内では海外からの夏季中国語研修に来ている学生たちで国際的な活気があった。欧米からの若者も結構目についたが、ロシアや韓国からの留学生を多く見かけた。90年代には日本からやってくる留学生で学生食堂はいつも満席だったことを思い出す。構内には大きな日本料理のレストランもあった。日本人留学生が少なくなった現象は、やはり日中間の現実を反映してか複雑な気持ちにさせられた。

　夏季語学研修は中国語が主流なのだが、英語、独仏語、ロシア語、また日本語、朝鮮語の集中講座も開催されている。大学の裏門にはそのチラシが置いてあって偶然手にしてみると日本語講座の案内に「勉強すればするほどうれしくなる」と書かれていた。一瞬戸惑った。おそらく大学の教員が書いたキャッチフレーズなのだろうが、長く日本語教育の現場にいると、見過ごせない表現である。そもそも「うれしい」と「たのしい」は中国語ではあまり区別しないようだが、どこか不自然だ。「うれしくなる」のは経営者、「たのしくなる」のは学習者だと思うのだが。やはり言葉の意思疎通は難しいものだ、と改めて痛感する一方、これも中国式の理解なのだろう、と腹に納める。

　交通事情のことを書いたが、もう少し追加する。地下鉄は現在複数の路線があり、なお建設中の路線もあり移動もかなり便利になった。車内で携帯をいじる乗客の様子は日本と少しも変わらないし、身なり服装もここが北京であることも忘れさせそうだ。ふと三十数年前に同じく中国語研修で初めて中国を訪れた時のことを思い出す。1983年の夏だった。大学が集まる北京海淀区はまだ農村風景が広がり驢馬車が長閑に走っていた。円明園も未修復の状態で自由に入れた。あの時は研修費用も高く、また寄宿した大学寮もクーラーはおろか冷房などもなく辛い夏であった

が、それでも振り返れば充実した 1 ヶ月だったように思う。そう思うと
感傷的になり、大学の構内を闊歩する研修団の中に、ふとかつての自分
の姿が紛れ込んでいそうな錯覚に陥る。私の場合、あの夏季中国語研修
の体験こそが中国への実質的な接近の第一歩であると同時に人生の一大
転機となった。履歴書を携えての訪中だった。そして、その甲斐あって、
帰国して数ヶ月後、中国の大学からの招聘状がとどき、翌年厳寒の 2 月
に湖南省の最高学府に赴任することになる。そんなことをつれづれ思い
出しながら、この語学研修生の中から将来の日中を背負う人材が 1 人で
も 2 人でも生まれることを真剣に切望したくなる。

2. 北京点景（2）

　滞在中は数回、本の「買い出し」に出かけた。利用するのは主として西
単の「図書大厦」という、中国最大の本のデパートである。以前は入口
には荷物をカウンターに預けるのが習慣だったが、今はそんな規制はな
い。一歩足をふみ入れれば改革開放経済から 40 年の節目に当たるという
ことで、それにちなんだ書籍が山積みされている。とにかく本のデパー
トというだけあってバカでかい。フロア全体が見渡せないほどだ。3 階
の語学関係の書籍売り場に行くと英語の教科書教材であふれていた。現
在、いかに中国が英語教育に力を入れているのかが分かる。その奥に各
国語の書籍がならぶコーナーがあった。日本語、朝鮮語の参考書もかな
り増えていたが、驚いたのは東南アジア諸語の語学テキストが多いこと
である。これも世界経済回廊「一帯一路」政策と深い関係があるのだろ
う、国家的プロジェクトによって開発された教材がずらりと並んでいる。
これほど学習者が多いのだろうか、と思う一方、いわばこれは対外戦略
の一環で、先手を打ってこれだけの人材を養成しているという、いわば
既成事実作りの一環か、という思いもしてくる。
　街を歩けば至るところに「中国社会主義核心価値観」と銘打たれた大
小のポスターを見かけた。通りにも壁にも商店内にも可愛らしい童画を
添えて貼られていた。2012 年 11 月、中国共産党第十八回全国代表大会
における当時の胡錦濤総書記による活動報告の中で、提唱した 24 字で

ある[1]。社会主義の指導性、先進性を強調したものだが、真面目に実行するとなると国レベルでも大衆レベルでも気が遠くなるような理想である。その一方で、ある場所では毛沢東の標語「雷峰に学べ」の懐かしいスローガンが掲げられていたりした。官僚の汚職などの不正を取り締る、また市民の道徳心、マナー向上をはかる意図があるのだろう。90年代まで見かけた「五講四美」運動のバージョンアップ、現代版であろう[2]。その一方で、ネット社会の現在、市民の受け止め方には以前とはかなりの温度差があるように思われる。

　市内をくまなく回る"快迪"（kuaidi）は、いわゆるネット通販の配達車である。バイクもそうだが、これらの車輌はすべて電気自動車で音も静かなので、うっかりすると背後に迫っていても気づかない。知人に訊けばこの商売は人気があり、人によっては1ヶ月当たり1万元ほどの儲けになるともいう。だが、これもいずれ限界が来るのだろう。道端にはつい数年前まで使われていたシェア自転車の残骸が山のように積まれているのを随所に見かけた。それにしても配達人は排気ガスまみれ、炎天下の木蔭に涼をとって憔悴した身体を休め、あるいは汗みずくになって仕分けしている青年の姿が印象的だった。富める者と富まざる者の格差だ。その隣にはあの「核心価値観」の標語が微笑んでいた。

　北京ではこのほか、社会科学院近代史研究所にて高士華教授の依頼で院生や若手研究者をあつめての講演会、座談会を催してくださった。私は拙い中国語で「日中戦争初期の大陸における日本語普及」について話をした[3]。植民地教育史研究会の活動なども紹介した。また後日は魯迅博物館、また北京日本学センター教授の秦剛教授の便宜で日本の国立国会図書館に相当する国家図書館を見学、入館カードも作成した。秦剛教授とは後日食事をともにして意見交換を行った。氏はこのたび堀田善衞の『時間』を中国語に翻訳され人民大学出版社から出されたばかりで、私は既に購入していたので、ひとしきりその話題に花が咲いた。日中関係がいかに冷え込んでも日本の小説は翻訳書が花盛りである。だが、ライトノベルや大衆小説が主流の中で、硬派な戦後文学が翻訳されていたのは感激であった。表紙には「一人の良識ある日本作家が書いた南京大屠殺」と書かれている。中国語訳版によせて堀田百合子氏の序があり、訳者秦剛氏の序「"鼎的話語"刻写時間」がこの小説の立体的な構成を丁寧

に解説している。単なる翻訳ではなく歴史の再現資料となっている。秦剛氏によれば現在、国家図書館に所蔵されていた日中戦争期の日本語雑誌の整理が続いているという。「大陸雑誌」「大陸往来」「中日文化」「北支那」などの綜合雑誌のほか、「上海文学」「燕京文学」「長江文学」「黄鳥」などの文芸面に特化した雑誌もあるという。昭和戦前戦中期に「内地」、「外地」で発行された中国関係の日本語雑誌の中には、敗戦の混乱で今では幻となってしまった雑誌があるが、今回の発見は稀覯中の稀覯も含まれ、全貌のかなりの部分を明らかにしていると秦氏は語った。日本でも一部、復刻版が刊行され始めている[4]。今後は日中の学識者の共同研究によってこれらの文化雑誌の検証が進めば、戦時下における中国における日本観の検証にも大きな慈雨となり、教育史検証にも大きな示唆を与えることになるだろう。

【注】

1　「富強、民主、文明、和諧」（：国家が目標とすべき価値）、「自由、平等、公正、法治」（：社会面で大事にすべき価値）、「愛国、敬業、誠信、友善」（：一人ひとりが守るべき価値）のように三つの価値観から成っている。標語ポスターは店舗、車輛など至る所にみられる。新聞一面の広告が出されることも頻繁。

2　「五講四美（三熱愛）」運動とは中国が1980年代に提唱した行動上の規範。1981年2月に「五講四美」が提唱され、1983年2月に「三熱愛」が追加された。90年代まで社会主義者建設のスローガンとして唱導された。「講」とは「気を配るべきもの」で、「文明」「礼儀」「衛生」「秩序」「道徳」を講じ堅持する。また「美」は「美しくすべきもの」で、「心」「言語」「行動」「感興」を対象とする。また、「熱愛」は「愛すべきもの」で「祖国」「社会主義」「中国共産党」を対象とする。

3　講演内容の一部は以下を参照。田中寛（2018a）「中国占領地における日本語普及の一考察―朝日新聞外地版（北支・中支）にみる日本語工作の実態―」、『新世紀人文学論究』第2号

4　すでに南京で創刊された文化研究雑誌『黄鳥』（草野心平編集発行人）、またこれらの雑誌の細目集覧が日本の出版社（三人社）より刊行されている。

3.　盧溝橋と中国人民抗日戦争紀念館

　北京の南西に位置する豊台区にある盧溝橋へ行くには地下鉄9号線の豊台科技園駅で下り、さらにバスで向かうことになるが、運よく友人が

車を出してくれることになった。ここも大型バスの駐車場が数ヵ所できていて、以前の印象とはまるで違って見えた。車輌で混雑し、なかなか停められず苦労する。駐車料金も比較的高い。この一帯は1998年以来の再訪であった。以前はひなびた光景がまだ各所に残っていたし、盧溝橋の散策も自由だった。それが「盧溝暁月」の碑文の対面に料金所が構えている。修復が甚だしく、原型の石畳は中央に残されているだけで、左右の通路は新しく舗装されている。500体はあるという石造りの獅子はそれぞれ異なった表情で建ち並んでいる。見事なレリーフは接近できないように囲いがしてあった。各地から来訪した観光客でごった返し、芋の子を洗うといった状況である。全長260メートルの橋の両端近くには盧溝橋事変の説明が銅板に刻まれていたが、熱心に見入っている人も少なくなかった。1937年7月7日に勃発した軍事衝突をきっかけに以後8年も日中戦争が続くこととなる。橋の東側は日本軍が占領した宛平城があり、その中に「中国人民抗日戦争紀念館」が1987年に愛国教育施設として開館した。

　正面から見ると実に威容である。日本語では「記念館」と書くが中国語では「紀念館」と書く。単に「記す」のではなく記憶にとどめる意味で「紀念」と書くのだろう。料金を支払って中に入ってみた。年ごとに新たに発掘された戦時下の遺構、遺品の数々と、それらの研究の成果が陳列されている。収容しきれないためにスペースを拡大していることが分かる。館内は夏休みのためか家族連れでにぎわっていた。

　館内の展示は通時的に配したいくつかのブロックに分かれていて、回遊式に見学できるが、写真撮影は自由である。日本ならば通常は撮影禁止の掲示もあるのが、ここでは一般民衆により知ってもらうために許可されている。見ようによっては反日の現物提供でもあるのだが、背景を知らずに無邪気に写真に撮って、それが方々に拡大して行く。中国の歴史教育の現状を知らされる。

　紀念館の入口には所持品の厳重なチェックがあり、また概説の小冊子が自由に持ち出せるようになっている。表紙には「偉大な勝利、歴史的貢献」「中国人民抗日戦争世界反ファシズム戦争勝利記念展」「案内書」と書かれている。

　展示場に入ってまず目を引くのは新しく発見された歴史検証物の展示

である。これらは毎年発掘された歴史遺構であり、展示物もその強調部分によって様相を変えていくようである。ジオラマ模型やレプリカもあるが、実物が本物かどうかの説明がないため、一般の参観者にとってはこれら総ての展示品が歴史遺物と見まがうことになる。

　小冊子（日本語訳）には次のような「前書き」があり、記念館の設置趣旨が書かれている。

　　　中国人民抗日戦争は、1930 〜 40 年代に、中国共産党の主張によって結成された抗日民族統一戦線の旗印の下、国共合作を基礎に、香港、マカオ、台湾同胞、海外華僑・華人を含む全国各民族が共同で推進した日本帝国主義侵略に抵抗した正義の戦争である。中国人民抗日戦争は、近代以降、中国が侵入した外的に対抗して初めて完全に勝利した民族解放戦争である。中国人民戦争の偉大な勝利は中華民族が近代以来陥っていた深刻で重大な危機を経て、偉大な復興に向かって確立した歴史の転換点である。

　前半部分の段落である。1930 〜 1940 年代という大ざっぱな時代記述は歴史学的にも不完全なもので、満洲事変（1931.9.18 事変）から正式な抗戦勝利、すなわち講和条約締結（1945.9.3）までを記すべきであろうし、「中国共産党の主張」「国共合作を基礎に」の箇所も、現中国共産党の方針、思想をそのまま踏襲したものであろう。また後半部分に「近代以来陥っていた深刻で重大な危機」は抽象的な表現であり、植民地主義の断面が正確に描かれていない。「陥っていた」のではなく「被っていた」とするのが歴史的事実であり、本文の中国語を直訳したような文面は中国語原文のそのもの内実を問われるといってもよい。続いて後半部分の段落である。

　　　中国人民抗日戦争は世界反ファシズム戦争の重要な構成部分である。中国人民は率先して反ファシズムの正義の旗印を掲げた。中国全民族抗戦は世界反ファシズム戦争の東方の主戦線を切り開いた。中国は世界反ファシズム統一戦線の形成を積極的に唱導し、推進に尽力した。中国人民抗日戦争の勝利は、全世界人民に弱者が強者に

勝利できるという輝かしい模範を打ち立てた。中国人民抗日戦争は
世界平和獲得の偉大な事業であり、歴史書に書き加えられるべき歴
史的な輝かしい貢献をした。

　後半部分には「反ファシズム」が3回登場するが、この文脈も偉大な
る成果を賞讃して、中国共産党の歴史路線の集約をそのまま反映したも
のである。現中国の歴史認識がよくあらわされている。
　各展示ブースは以下のような構成になっている。

　　　第一部分　中国の局地的抗日戦争：世界反ファシズム戦争の幕開け
　　　第二部分　全民族抗戦：世界最初の大規模な反ファシズムの戦い
　　　第三部分　中流の砥柱：中国共産党は正しい抗戦指導および敵後
　　　　　方抗戦を堅持
　　　第四部分　日本軍の暴行：現代文明史の最も暗い一頁
　　　第五部分　東方の主戦場：輝かしい歴史的貢献
　　　第六部分　同義にかなえば多くの支持が得られる：中国人民の正
　　　　　義の戦争を、国際社会が積極的に支援
　　　第七部分　偉大な勝利：日本ファシズム侵略者は完全な失敗に至っ
　　　　　た
　　　第八部分　歴史を銘記：世界各国と手を携えて共に恒久平和構築を

　第三部分「中流の砥柱」とは四字熟語で「困難に耐えてよく持ちこた
える、大局を支えて毅然として動かない。大黒柱」という意味である。
とくに酸鼻を極める日本軍暴行のコーナーに参観者の関心が集まってい
た。南京大屠殺、重慶爆撃、三光作戦、細菌戦、毒ガス戦、強制連行な
ど、詳細な説明とともに残虐なパネル写真が続く。第七部分は戦争裁判
の記録、また第八部分ではわずかではあるが、日中の平和友好の活動が
紹介されているものの、賠償放棄した日中国交正常化、平和友好条約締
結の意義、爾来今日までのCOE経済協力援助についての説明は不十分
であるとの印象を受ける。とにかく抗日戦争の意義に徹した展示である。
印象的なのは数字による統計である。「軍人・一般人の死傷者総数9000
万人」、そのうえで世界各国の同数と比較しながら「中国人死傷者3500

万人」という数字。その他の統計数字も典拠はなく、説明にいくぶん不明瞭な印象を抱かされた。一方、別館に設けられた広大なスペースには台湾の植民地の歴史に関する展示場があり、当時の国語講習所、皇民化教育の史実を相当詳しく写真と雑誌などの展示説明が施され、とくに植民地教育史研究者にとっては興味深いコーナーであった。

　小冊子の「終わりに」の結語にも「前書き」とほぼ同様の主張が書かれている。歴史を記述する言語、表現に注目すれば、やはりここに示された中国語原文には中国語独自の表現性も内在しており、客観的事実の記述において特別な印象を抱かざるを得なかった。こうした感慨は後述するハルビンの罪証陳列館の印象とも重なるところが少なくなかった。一通り見学後は書籍売店で最近山西省大同の万人坑で発見された人骨調査写真集と「偽満洲」開拓団の侵略史実を扱った歴史書を購入した。

4. 山西省への旅

　山西省へはこれまで植林活動で２度訪問している。いずれも日中友好協会の友好活動で呂梁市という、太原から車で３時間ほど行った方山村を訪ねた。今回は６年ぶりで太原に３泊、また臨汾に２泊した。高速鉄道は北京西駅から出ていて行きは２時間半ほどで着いた。途中の速度計は320キロを指していた。窓外には山西省特有のゴツゴツした山容と大きな段状の土塊が見え隠れした。太原には戦犯収容所やかつての日本陸軍病院があったと聞くが今回はその訪問の時間は都合できなかった。当日は山西省博物院を訪問したが、中国国内でも有数の巨大博物館である。あらためて山西省の歴史文物の豊富さ、悠久さと同時に古代から現代を貫流する文化の「型」を実感した。

　翌日はすぐに臨汾へ向けて車を走らせた。昨年夏に日中国交正常化45周年の年に来日した訪問団に、今回は応える形で訪問することになった。早朝８時に太原を出発、高速道路を３時間、昼前に到着し、地元政府の高級車「紅旗」に先導されてホテルに着く。早速歓迎会が催され、開口一番かつて日中戦争で甚大な被害を与えたことに日本人民を代表して謝

罪する趣旨のスピーチを行う。小休止するまもなく山西師範大学での講演に向う。山西師範大学は太原にある山西大学と並んで山西省の最高学府である。教員養成が目的の師範大学であるが、総合大学的規模で学生数は4万、教職員は3千人を超える。キャンパスは2ヵ所あり、さらに拡充の予定である。講演は夏季休暇にかかわらず100名ほどの学生、教員が集まってくれ、「改革開放経済四〇年と日中友好」という演題で1時間半ほど講演した。質疑応答の後はキャンパス見学。とくに戯曲文物研究所では山西省の楽曲、舞台芸術を展示する独自の展示館があり、山西省の文化の奥深さにふれることができた。

　翌日は臨汾の名所を見学。臨汾は日中戦争時の激戦地のひとつで、また八路軍の総司令部が置かれていたところでもある。長治市には抗日戦争のテーマパークも近くにあるくらいで、今回は機会がなかったが、いずれ戦地を訪問して見たい。またできれば村民の前で戦争加害について謝罪をしたいと思う。山西省は日中戦争初期、宣撫班による日本語工作、普及が積極的に進められた地域でもあった[1]。それにしても何と名所の多い所であろうか。中国古典文学の研究者ならばまさに垂涎の文明発祥の地である。若い頃、ここにしばらく滞在していれば、学問への関心、中国観も変わっていたかもしれない。

　山西省は日本軍による侵略を記録した「暴行綜録」という各種歴史資料を見ても河北省に次ぐ惨案が集中している。滞在中に食傷するほどテレビで放送されていた抗日ドラマも多くが山西省を舞台にしたものであった。日本の戦争文学でも多くの従軍作家が山西省を舞台にいくつかの作品を残している。田村泰次郎を筆頭に、上田廣、小島信夫、田中英光といった作家、また歌人では宮柊二が真っ先に脳裏にうかぶが、作品の中に現れる日本語の普及という史実にも歴史的な角度から考証をすすめるべきだろう。

【注】
1　日中戦争期の山西省の日本語教育については田中寛（2018b）「文学作品にみる日中戦争時期の言語接触」、『教職課程センター紀要』第3号、大東文化大学教職課程センターを参照。

5. ハルビンの顔

　中国東北部は8月下旬ともなると朝夕は涼しく、北京とは10度以上も気温が下がる。北京から1200キロ北上すると、そこはもう秋風が吹き始めていた。中国の高速鉄道も日本に「ひかり」と停車駅の多い「こだま」があるように、今回利用した列車は後者の切符しか手配できず、北京から8時間もかかってしまった。東京から鹿児島まで優に乗り続けたことになる。ハルビンでは中央大街をはじめ、市内の旧満洲の建築物を見学したほか、吉林街の731部隊石井四郎連絡所跡や日本総領事館跡、また趙一曼烈士公園、東北烈士記念館などを見学した。車輌も増え、早朝から深夜まで道路はひっきりなしに渋滞していた。北京なみの排気ガスが市内を覆っていて、残念なことにかつての東北の蒼い空は数日しか見ることが出来なかった。

　ハルビン滞在時にハルビン社会科学院に少壮の学者を訪ねた。すでに面識があり、今回は彼の最近の研究成果について意見を求めるためだった。数冊の専門書を出版、この度また上梓された英文による研究書をめぐって、ひとしきり話が弾んだ[1]。英語圏の研究者にも731部隊の全貌を知らしめることとなった。これは731部隊研究の大きな前進であると、彼は誇らしく披露した。センターの資料室には、つい最近米国の国立文書館で複写された夥しい文書資料が並んでいたのに目を瞠った。日本では科研費の多くても数百万の金額規模の研究が、中国では国家規模のプロジェクトであれば日本とは桁違いの潤沢な研究資金が得られ、莫大な研究資金をもとに海外の稀少資料を入手することも可能となる。これでは経済力で歴史研究も大きな差が生じることを羨望し、またこうした「歴史研究の格差」も懸念された。経済力が歴史学を牽引する格好である。いずれ経済力が歴史を証明することが可能になるのだろうか。

　郊外40キロにある避暑地「優爾加庄園」にも足を伸ばした。広大な敷地にロシア風建造物が復元され、小さなロシアといった景観である。四季折々の草花が咲き乱れ、園内には宿泊施設もあってロシアの民族舞踏も催される。国家4A級旅游景区にも認定され、ロシア料理とともにちょっとしたロシア体験ができるレジャー施設である。ロシア美術家協会の創作基地、モスクワ大学国際交流センターも置かれ、中ロ文化交流

の中心地となっている。

　また毎夏恒例のハルビン交響楽団の演奏会にも招かれ、恒例の夏の夕べを満喫することができた。しかし、何といってもハルビン滞在中の関心事といえば、南郊に位置する平房の第731部隊罪証陳列館の参観、それに点在する遺跡群である。南郊20キロの同市は経済開発工業地区で近年変貌著しい。

　平房にはすでに何度も足を運んでいる。今回は2015年に新しく開館した罪証陳列館の見学に多くの時間を費やした。館内の陳列品、展示の説明は詳細を極めた。陳列館は「反人類暴行：非人道的な残虐行為」という入口の大きな文字から始まる。これらの展示はハルビン社会科学院の研究員の協力、最近の共同研究も多く含まれているという。各ブースは広大なスペースをとってあり、「侵華日本軍の細菌戦の概要」からはじまり、「七三一部隊：日本細菌戦の大本営」「人体実験」「細菌兵器開発製造」「細菌戦・化学戦の実施」「終わりに」と続く。中でも目を引いたのはハルビンから200キロほど北上した大慶市の近くにある安達の野外実験場の再現である。広いスペースには杭が何本も打たれてあった。人体実験用のマルタはここに括りつけられ、飛行機によって空から散布された細菌に感染させ、その効力を実験した、いまわしき史実の再現である。室内には当時の状況を再現した実写さながらのビデオ映像がひっきりなしに再生されている。逃げ惑うマルタを追い掛けて踏みつぶそうとするトラック。迫真的な映像に、丁度参観に訪れた解放軍の予備学生が食い入るようにして見つめていたのが印象的だった。

　罪証陳列館参観のあとは、遺跡の見学に急ぎ足でまわる。本部の裏手にあるのは、部隊の心臓部とされた四方楼、すなわち人体実験の材料とするマルタを収容した第7，8棟の部分はまだ修復が続いていた。雨風、雪による劣化を防ぐために大きな覆いが天井に張り巡らされ、見学者は回廊に沿って見学することができる。南京大屠殺祈念館の敷地も広大だが、ここも数時間でも廻り切れない。すると、奇妙な錯覚に陥った。当時、731部隊の基地建設のために多くの地元の労工が招集され、工事に当たったわけだが、今また労工ではないが、数人の作業員が忌まわしい部隊の再建に携わっているという現実である。彼らは何を思っているのか、見ているこちらまで複雑な心境になる。

　遺跡の主要なものは以下のものである。

「南門衛兵所遺跡」「本部建物遺跡」「最近実験室と特別監獄遺跡」「結核菌実験室遺跡：二木班」「凍傷実験室遺跡：田中班」「小動物地下飼育室遺跡」「満洲鼬飼育室遺跡」「ガス発生室遺跡」「ガス地下貯蔵室遺跡」「細菌弾組立室遺跡：山口班」「航空指揮所遺跡」などが本部遺跡を中心にして点在しているが、なかでも 731 部隊の熱源と電力を供給していた「動力班遺跡」は 731 部隊遺跡の象徴ともいえる二本の煙突を残して聳えているのだが、引き込み線側の側面は崩落、劣化が激しく、頑丈な鉄鋼で補強された無惨な姿であった。したがって裏側からしか全体をうかがうことはできない。すでに何度も訪れ、動力班の遺跡の保存を注視していたのだが、今回の姿を見て失望した。もうあの以前見た光景が見られない、という無念さ、それに遺跡の保存の難しさという失望感である。遺跡の残し方は現地政府の主導によるものだから、日本側はたとえ協力者であっても強くは主張できない。だが、史実の検証とともに遺跡の保存も時間をかけた相互理解にもとづく活動が必要なはずである。これらの遺跡群のほかにも実際に稼働している工場内敷地に点在する工廠、倉庫群もあり、一日でも足りないほどである。街中に聳える「給水塔遺跡」もいつか壊されるかもしれない。また、現在 34 の建物が現存する 731 部隊隊員とその家族が居住したという「宿舎区遺跡」も劣化が激しく、どの程度が将来に亘って保存されるか注目されている。現在、ハルビン市内から延伸する地下鉄鉄道工事が進められており、これらの整備と市街地の開発、遺跡の「共存」は大きな課題となっている。

【註】

1 最新の資料を駆使した初めての英文による「731 部隊」の研究書である。
Yan-Jun Yang, Yue-Him Tam（2018）"UNIT731 LABORATORY OF THE DEVIL, AUSCHWITZ OF THE EAST JAPANESE BIOLOGICAL WARFARE IN CHINA 1933-45" 楊彦君『731 部隊　悪魔の部隊　東方のアウシュビッツ　中国における日本の細菌戦 1933-45』Fonthill England p.142

6. 陳列館と遺跡群という史実理解

「侵華日本軍第七三一部隊罪証陳列館」にもパンフレットの日本語版が
置かれてあったので以下紹介する。前述の記念館と同様に中国語の直訳
部分がいくつかあり、またその他にも叙述の問題点があるように思われ
る。

　　　　　　　侵華日本軍第七三一部隊罪証陳列館簡単な紹介
　　1933年から1945年まで、侵華日本軍第七三一部隊は大規模な人
体実験と細菌戦を行い、人間に対して想像出来ないような災いをも
たらした。さらには自然生態と人類の生存、発展にも重大な損害を
与えた。
　　七三一部隊遺跡の中核となる保護区面積は25万平方メートルに
及ぶ。ここは細菌兵器を研究し、実験し、製造した世界史上最大規
模の軍事基地であり、日本が中国を侵略した期間に残した近現代史
遺産である。七三一部隊はここで細菌兵器を研究し、製造、使用し
た。ここには細菌戦の準備と実施、人体実験の全過程の真実の記録
が残っている。これは史実として明白であり、証拠も整っている。
七三一部隊の遺跡は1982年から中国政府の管理下に組み入れられ、
2006年に全国重点文物保護施設に選ばれ、2012年には中国世界文
化遺産候補名簿に登録され、国家国防教育基地に定められた。
　　2015年8月、侵華日本軍第七三一部隊罪証陳列館の新館が完成し、
全面公開された。展示は侵華日本軍による細菌戦、七三一部隊、人
体実験、細菌兵器開発、細菌戦実施、証拠隠滅と裁判の六ブースに
分けて展示されている。七三一部隊に象徴される日本が、各地で犯
した細菌戦部隊の反人類、反文明、反倫理の本質、及びその戦時中
の犯罪、戦争責任と戦後に及ぶ危害を全面的に暴き、"歴史を刻み
込み、過去を忘れず、平和を愛し、未来を切り開く"ことを人々に
呼びかけている。あわせて戦争思想と医学、戦争と良知、戦争と平
和を推し進めて行くことを呼びかけている。

　ここにも中国語の表現が日本語に直訳されており、誇張した修辞表現

を好む中国語の表現自体にも客観的な歴史対象を記述するにあたっては、説明言語としての限界性があるように思われる。これを中国語で読んだ参観者は執拗ともいえるほどの残忍さを刻むことになる。「人間にたいして想像出来ないような災い」「世界史上最大規模の軍事基地」、「戦争責任と戦後に及ぶ危害を全面的に暴き」といった表現は、真実をそのまま見る者に伝え得るであろうか。「細菌兵器を研究し、実験し、製造した」という重複した表現。「七三一部隊に象徴される日本」の「日本」は「日本軍」である。さらに「良知」という表現も文章全体に馴染んでいるとはいえない。また、遺跡群の説明として次のような文章も載っている。

　　七三一遺跡群は、戦争を目的として細菌兵器を研究、実験、製造をした唯一無二の最大規模の中核施設です。細菌戦争を推し進めた代価として、人類と自然環境に危害を加えた基地です。七三一遺跡は完全に保存され、使用された機器類、文献、公文ファイル資料が豊富に展示、保存されています。七三一部隊が行った細菌兵器の研究、製造、使用、細菌戦の準備や実行の全過程の真実の記録が残っています。これらの証拠が歴史のすべてを明らかにしています。
　　七三一遺跡は近現代歴史における、日本の植民地侵略、残虐な略奪、ほしいままに中国人民を酷使した歴史的証拠です。七三一遺跡群は日本軍による中国侵略の罪証証拠であり、また日本軍が罪証を隠滅しようとした証拠でもあります。七三一遺跡は日本軍による中国侵略史の研究、日本軍の細菌戦の準備と使用、日本軍による暴行の証拠物です。七三一遺跡は国内外の多くの抗日の人たちや、何の罪もない民間人が被った災難の記念の地です。七三一遺跡は特に普遍的意味と貴重な現実的意義を持ち、世界平和維持と戦争を反省する教育の活動拠点でもあります。
　　七三一遺跡を保護する事は世界の平和を愛する人々の共同責任です。世界中の方々がこの記念館を訪問し、考え、見学し、交流を重ねて下さることを歓迎いたします。お待ちしています。

このメッセージにも上記と同じような表現が繰り返され、一定の方向からの記述に終始している感が否めない。この施設を見学して何を学ぼ

うとするのか、訪問した後に何を考えるのか。また誰と「交流」するのだろうか。一方的な記述が優先しているように思われる。北京盧溝橋の中国人民抗日戦争紀念館と同様に、対話の視点で語る工夫がもとめられる。

　この罪証陳列館は点在する遺跡群と隣接していることで、次に具体的な遺跡を訪れるという点で、参観者によりリアルな歴史体験ができるように配慮されている。北京の抗日戦争紀念館と構造的に異なる点でもあるが、2ヵ所の事実を埋め合わせる作業、すなわち陳列館での展示が、遺跡から生まれ残された歴史事実として結び合わせる作業はそう簡単なことではない。ただ、こうした見学のコースというものは日本では稀少なもののように思われる。日本からも最近は参観者が増えているというが、日中の市民レベルでの交流がなければ憎悪ばかりが堆積していくのではないか、という複雑な気持ちが強く残った。

7. おわりに――史実を語り伝える言語とは

　見学を終えて、あらためて歴史をどのような言語、表現で伝えることの難しさを痛感する。歴史学者は表現の研究者ではない。事実を次から次に検証し、報告するのが使命であり、そこから何を見出すのかは、ひとえにその研究者の資質、良心にかかっている。パンフレットには、「平和と調和のために館を建立し、学術を以て館を維持し、人知を以て館を発展させ、科学技術を以て館を強くす」と書かれている。「館」は陳列館のことであるが、意味が汲み取りにくい。「平和と調和」とは何か。ここから何の調和が生まれるだろうか。「学術」と「科学技術」は同じ方法だろうか。詳しく述べる紙面はないが、こうした文章の作成に当たっても日中の研究者がともに考える視点こそが重要であろう[1]。

　今回、中国の2ヵ所の戦争記念館を訪問したのだが、一方で、日本国内の戦争記念館、博物館の実態はどうだろうか。筆者が懐いた一部の違和感は、またアジアの民衆から見た場合、同じように映し出される鏡像であろう。日本には平和資料館なる施設がいくつかある。だが、そこでは戦争の被害に焦点を当て、加害責任には触れようとしない姿勢が指摘される。加害と被害の視点を併せ持つ。そうした展示はまさしく歴史認

識と並走するのだろう。だが、歴史を共有してこそ、互いの主張、意見
の交換から歴史は書かれたものから語られたものとなる。記念館を訪問、
見学して、やはり日中の市民レベルでの交流、歴史理解の懸隔を埋めあ
わせるにはいくつものハードル、課題があることに思いをめぐらせざる
をえなかった。

　それから数キロ先にある平房駅に足を伸ばした。駅はきれい改修され
ており、かつての暗黒時代に人体実験用の「マルタ」を 731 部隊に移送
したという歴史からは遠いのどかな光景だった。そばでゆったりと寝そ
べっている驢馬と馭者を暫くの間眺めていた。

【注】
1　ある若い研究者はこうした歴史理解と言語表現の関係について明晰な問題
　提起を行っている。金士成（2018）「七三一部隊問題の史実をどのような表
　現で語り、語り伝えるのか」、『新世紀人文学論究』第 2 号。また、これに
　対する見解として和賀井倫雄（2018）「金士成レポートを読んで」、『新世
　紀人文学論究』第 2 号も参照。

中国人民抗日戦争紀念館全景
（いずれも筆者撮影 2018/8/26）

同上紀念館の内部展示
（戦時下の抗日雑誌）

同上紀念館内部の展示から
（覚醒日本兵士の反戦運動）

同上紀念館には硝子張りの日本軍遺品の展示が
あった。

中国人民抗日戦争記念館の正面

侵華日軍第七三一部雷旧跡本部正面。
この奥に特殊監獄、第二遺跡群がある。

鉄骨で無惨に補強された第七三一部隊旧跡動力班跡。

第7，8棟の特殊監獄跡。回遊式の回廊があり、
引き続き発掘、整備が進められていた。

新装なった侵華日軍第七三一部隊罪証陳列館正面。
2015.8 に竣工開館。

同旧跡敷地内の「謝罪と不戦平和の碑」。
日本 ABC 企画委員会により、2011.7.11 に建立。

第七三一部隊罪証陳列館の展示より。
解剖実験室の再現。

Ⅶ．資料紹介

満洲鉱工技術員協会編『鉱工満洲』誌目次集 (2)

丸山剛史＊

解説

　前報では満洲鉱工技術員協会編『鉱工満洲』誌を手がかりに「満洲国」技術員・技術工養成史研究に取り組んだ故原正敏の資料収集および国内所蔵状況に関して記した[1]。本稿では、『鉱工満洲』誌に関する若干の特徴について記す。

　既述のように、満洲鉱工技術員協会は産業開発五ヶ年計画に必要な技術要員確保・養成の政府代行機関として 1938 年 12 月 16 日に社団法人として設立された組織であった[2]。満洲国産業部『産業部月刊』誌に掲載された協会創立記事でも「時局の進展に伴ふ満洲産業開発計画の高度化に対応し且つ満洲技術員養成の方策を確立する必要に基き開発計画の基礎的要件たる多数優良な人的資源を獲得しその公正なる配給を目的とする官民一体の中枢機関」であると記されていた[3]。1941 年 2 月 17 日には満洲鉱工技術員協会法が公布され、翌月 1 日付で満洲国特殊法人となった。同月 31 日の鉱工技能者養成令により技能者養成行政の実務を全面的に委ねられた。

　実態に関しては、理事長および理事のもとに庶務課、経理課、業務課、養成課、登録課の 5 課が設けられ、その他に監査役、奉天支部が設けられていたことが明らかにされている。協会直営の養成所も 3 施設所有していた。元職員への聞き取りにより、34 名の専任職員が所属していたことも明らかにされている。

　機関誌『鉱工満洲』は、協会発足一年後の 1940 年 1 月に創刊号が発行

＊宇都宮大学

された。『鉱工満洲』誌発行の経緯に関して、理事長関口八重吉は次のように記している[4]。

　　「社団法人満洲鉱工技術員協会が設立せられて茲に一年、その間、関係官庁並に会社その他各方面より種々絶大な御援助を賜はり、当協会の使命たる技術者、技術工の補給対策遂行に努力して来ました。即或は直営養成所の設立に、或は制限学生及び技術員技術工実習生の募集に、或は給費生、伝習生の設定、その他色々腐心努力して来ましたが、何分殆んどその大部分が盟邦日本に依存を要するの実情であり、従つて日本に対する満洲国の産業特に鉱工業並にこれに関する諸事情の紹介が非常に重要なこととなります。当協会ではかかる事情に鑑み、或はパンフレット、リーフレット、ポスター等を配布したり、或は内地の権威者や関係方面の人々を招聘して視察を依頼したりして、色々計画実行しています。然しながら現下の内外状勢の急テンポの変化につれ、刻々変化発展しつつある国内実情を紹介するためには、是非共機関誌を必要とするのであります。この意義で多少遅蒔の感がないでもないが、茲に月刊「鉱工満洲」を発刊することとなった次第であります。」

　関口によれば、同誌は日本に対して「満洲国」の産業、とりわけ鉱工業の諸事情を紹介することを主な目的として編集発行されたとされる。出版部長の高橋文夫は紹介内容をより詳しく記している[5]。

　　「…従つて満洲国産業事情並に国内技術員及技術工養成機関の日本への紹介並に宣伝は当協会の業務遂行上重要な部分を占めて居るのであります。『鉱工満洲』はこの紹介並に宣伝の重責を担つて誕生致したのでありまして従来の断片的宣伝に代へまして之を常時的とし更に重要な事業の遂行に際しましては特集号を刊行しまして宣伝の効果を全からしめ様とするのであります。記載事項は主として当協会事業の説明、加盟会社の事業の宣伝、満洲国鉱工事情の報告、満洲国内技術員及技術工養成機関の紹介其の他満洲の鉱工に関係ある論説、随筆、資料等でありまして是非之等に関する御投稿を御願

する次第であります。」

　このように、『鉱工満洲』誌は協会事業の一環として「満洲国」の産業事情、技術員・技術工養成機関の日本への紹介と宣伝を「常時的」に行うことを目的として刊行された雑誌であった。記事内容に関しては、協会事業の説明、協会加盟会社事業の宣伝、「満洲国」の鉱工業事情報告、技術員・技術工養成機関の紹介が主な内容とされた。

　こうした編集方針は具体化され、協会関係者や加盟会社職員だけでなく、「満洲国」政府関係者も寄稿し、「満洲国」工業界や技術員・技術工養成の実状を伝える記事が掲載された。

　なお、協会加盟会社は鉱業分野だけでなく、満洲鉄道株式会社、満洲重工業開発株式会社をはじめ、軽金属、飛行機、自動車、セメント、ベアリング、電信電話、化学工業等の関連分野を含んでいたことを付記しておく[6]。そのため、記事も鉱業分野を中心に満洲工業界を見渡すことができる広がりをもつものとなった。

　また、第1巻第2号以降、読者が「議論をしたり、気焔をあげたり、希望を述べたり、抱負を語ったりする自由な欄」である「水煙袋」欄や、読者が渡満のための予備知識を得るための「質疑応答欄」が新設された[7]。特に「質疑応答」欄は、渡満青少年の増加を図る雑誌発行の主なねらいとの関係で着目される。

　第3巻第2号以降は、「満洲の各地で鉱工業界に働いて居られる人々の偽らざる現地の報告」を記した「現地報告」、「満洲の気候、風俗、生活を中心にした随筆」を記した「現地随筆」の原稿が募集され、掲載された[8]。第4巻第12号以降は「日文」だけでなく、「満文」の「現地報告」及び「現地随筆」原稿が募集されているが、これは「満文」の『技術青年』誌が発行されるようになったからと思われる[9]。

　雑誌は、1940年1月1日に創刊号が発行され、1945年4月の第6巻第3・4号発行までに59冊が発行された。第4巻までは定期的に発行されたが、第5巻第2号より資材不足等の理由によりページ数が削減され、第5巻第11号以後、合併号を発行した。

　以上のように、満洲鉱工技術員協会は満洲産業開発の人的資源の確保・養成・配置に関する「政府代行機関」ないしは「官民一体の中枢機関」

であり、その機関誌『鉱工満洲』は、人材確保のための、日本への紹介・宣伝を行う媒体であった。協会には鉱工業を中心とした関連会社が多数参加し、雑誌にはこうした関連分野の記事が掲載された。政府関係者の論説も多数掲載されている。『鉱工満洲』は誌名が連想させる鉱工業限定の雑誌ではなく、関連分野への広がりをもつものであり、「満洲国」産業政策、日満関係を検討する際の基礎資料の一つとなるであろう。

　　訂正：前報・190 ページ「第 3 巻第 9 号」は「第 3 巻第 12 号」の誤り。

註

1　丸山剛史「満洲鉱工技術員協会『鉱工満洲』誌目次集（1）」日本植民地教育史研究会運営委員会（第Ⅳ期）編『植民地教育史研究年報　20　教育の植民地支配責任を考える』、2018 年、175-190 ページ。

2　原正敏「戦時下、旧満洲における技術員・技術工養成」学習院大学東洋文化研究所『調査研究報告　No.30　総力戦下における「満洲国」の教育、科学・技術政策の研究』1990 年、18-109 ページ。原「"満洲国"における技術員・技術工養成（Ⅰ）――満洲鉱工技術員協会と「鉱工技能者養成令」――」『千葉大学教育学部研究紀要　第 2 部』第 42 巻、1994 年、189-220 ページ。

3　なお、『産業部月刊』誌（第 3 巻第 5 巻、1939 年）掲載記事「工鉱技術員養成新方針」によると同協会は「労工協会」と「連絡を強化し苦力と技術員との需要供給の総合調整を図る」ことが企図されていた。ここでいう「労工協会」とは「満洲労工協会」をさすのであろうか。日本国内には「満洲労工協会」の会報『労工協会報』や資料集『労工資料』も残されている。満洲鉱工技術員協会には日満鉱工技術員協会以外にも対をなす団体が存在したことが考えられることを付記しておきたい。

4　関口八重吉「発刊の辞」『鉱工満洲』創刊号、1940 年、2-3 ページ。

5　高橋文夫「創刊号発刊に際して」同上、16-17 ページ。

6　加入会社に関しては、創刊号・巻末に「加入会社名簿」が掲載されている。ここには 63 企業が名を連ねている。

7　「投稿歓迎　「水煙袋」欄」『鉱工満洲』第 1 巻第 2 号、48 ページ。「質疑応答欄」同上、66 ページ。

8　「原稿募集」『鉱工満洲』第 3 巻第 2 号、64 ページ。

9　「日文／満文　原稿募集」『鉱工満洲』第 4 巻第 12 号、56 ページ。1943年 11 月より満語『技術青年』誌が創刊された。同誌は「国内労務体制確立の見地から、満系青少年の重要性の一層加はる情勢に顧みるところがあり」「満系青少年技術生及び一般満系技術工の輔導並に満系の職業指導の任に当る国民優級学校教師等を対象」として編集発行されたという（「編集後記」『鉱工満洲』第 4 巻第 9 号、56 ページ）。編者未見。

満洲鉱工技術員協会『鉱工満洲』誌目次集（2）第4巻〜第6巻

【凡例】
・本目次集作成にあたって編者が所蔵機関に出向き、資料の所蔵状況を確認した。
・編者が確認した所蔵機関名を発行年月日右横の丸括弧内に記した。
・執筆者名右横の括弧内の数字はページ数を表す。
・目次に記載された「口絵」、「扉」等は紙幅の都合上、一部削除した。

第4巻 第4号

康徳 10 年 4 月 1 日
(一橋大学経済研究所資料室)

第4巻 第5号

康徳 10 年 5 月 1 日
(一橋大学経済研究所資料室)

第4巻 第6号

康徳10年6月1日
(一橋大学経済研究所資料室)

第4巻 第7号

康徳10年7月1日
(一橋大学経済研究所資料室)

第4巻 第11号
康徳10年11月1日
（一橋大学経済研究所資料室）

第4巻 第12号
康徳10年12月1日
（一橋大学経済研究所資料室）

第5巻 第4号

康徳11年4月1日
（一橋大学経済研究所資料室）

第5巻 第5号

康徳11年5月1日
（一橋大学経済研究所資料室）

第5巻 第6号

康徳11年6月1日
（一橋大学経済研究所資料室）

Ⅷ．彙報

2017 年 12 月から 2018 年 11 月までの本研究会の活動を報告する。

（1）組織・運営体制

　本研究会には、会則 7 条によって本『年報』奥付に記載の役員が置かれている。運営委員の任期は 3 年、『年報』編集委員の任期は 2 年である。本年は代表、事務局長、運営委員が改選され、編集委員が任期途中で交代した。

代表：佐藤広美
運営委員
　○通信部：北川知子・小林茂子・清水知子・合津美穂
　○研究部：岡部芳広・丸山剛史・藤森智子・佐野通夫
　　　　事務局長：山本一生
　　　　事務局次長：松岡昌和
　　　　事務局員：清水知子・白恩正
　　　　　　　　　松岡昌和・滝澤佳奈枝・黒川直美
○年報編集委員会：一盛 真・藤森智子・松浦勉・芳賀普子・井上薫・
　　　　　　　　　丸山剛史〈編集長と副編集長は運営委員を兼務、編集
　　　　　　　　　業務過多のため、丸山も運営委員を今期は兼務した。〉
※なお、今期は運営委員の入れ替えに伴い、一部編集委員の入れ替えがあった。

本年の主な活動は以下の通りである。
1）研究大会・総会
　　2018 年 3 月 31 日・4 月 1 日東京家政学院大学
2）運営委員会
　　①3 月 31 日こども教育宝仙大学
　　②6 月 2 日東京家政学院大学
　　③10 月 13 日東京家政学院大学
3）研究部
　　①6 月 2 日東京家政学院大学
　　②10 月 13 日東京家政学院大学

4）編集委員会
　①6月2日東京家政学院大学
　②10月13日東京家政学院大学

5）事務局
事務連絡、会員入退会処理、会計、HP管理等を行った。

（2）第21回研究大会の開催

　第21回研究大会は、2018年3月31日・4月1日東京家政学院大学で開催された。シンポジウム「日中全面戦争と植民地教育の展開」では、一盛真会員のコーディネートにより、以下の発題と報告、またそれぞれに対する佐藤広美会員のコメントがあった。

1）一盛真「日中全面戦争と植民地教育の展開―『皇民化』の位相―」
2）佐野通夫
　「第3次「朝鮮教育令」と天皇写真の配付」
3）藤森智子
　「日中戦争期台湾の社会教育」
4）佐藤広美による発題・報告に対するコメント　　2日目は、以下の3本の自由研究発表がおこなわれた。
1）王雯雯
「民族意識と女性意識―「満州国」道徳教科書『修身』と『国民道徳』の考察に基づく」
2）大石茜
「大連における幼児教育の展開」
3）白柳弘幸
　「台南南門尋常小学校における内台共学―大正9年から昭和7年の『学校沿革誌』記録を中心に―」

（3）第22回研究大会の準備

　第22回研究大会は、2019年3月2日・3月3日に、名古屋市市政資料館で行うこととなった。シンポジウムのテーマについては、運営委

会で検討され、「台湾の戦後政治史と植民地教育史研究の課題)」に決定
し、コーディネーターは佐藤広美会員が担当することとなった。

（4）年報『植民地教育史研究年報』の発行

　第 20 号『教育の植民地支配責任を考える』を、皓星社から 2018 年 3
月 25 日付で出版した。特集は前年度の研究大会として 2017 年 3 月 18
日に宇都宮大学で行われたシンポジウム「教育の植民地支配責任を考え
る」であった。この他、研究論文 1 本、書評・図書紹介 4 本、旅の記録、
資料紹介、学会・シンポジウム参加記録、彙報で構成した。

（5）「研究会通信」の発行

　研究会通信「植民地教育史研究」は、第 58 号、第 59 号、第 60 号の
3 号が発行された。

　第 58 号では、こども教育宝仙大学での第 21 回研究大会の概要予告な
どが掲載された。第 59 号では第 39 回定例研究会の案内、第 21 回研究
大会報告、代表の交代にあたっての前代表と新代表からの挨拶、新入会
員の自己紹介などが掲載された。第 60 号では、第 40 回定例研究会の案
内、第 39 回定例研究会報告、新入会員・自己紹介・次回研究大会予告
が掲載された。

（6）科研進捗状況

　基盤研究 B として昨年に引き続き申請したが採択されず、再検討を
経て来年度再度申請する予定である。

（7）定例研究会

　定例研究会の日程、発表等については以下の通り。

【1】第 39 回定例研究会

2018 年 6 月 2 日東京家政学院大学

　①神田基成：「歴史教育における植民地教育研究の可能性」

　②黒川直美：「「満洲国」中等教育就学者数の推移とその分析」

　③佐藤広美：「2018 年中学校道徳教科書検定と植民地の記述について」

【2】第40回定例研究会

2018年10月13日東京家政学院大学

　　①丸山剛史：「宇都宮大学附属図書館所蔵植民地関係資料の由来について ── 植民地人材養成と実業専門学校のカリキュラム──」

　　②山本一生・松岡昌和：「シンポジウム「教育の植民地支配責任を考える」」

（8）出版企画

　皓星社より発行予定であった『植民地教育史ブックレット』については、諸般の事情より企画を停止したが、別の出版社より企画を進めている。その他出版物については現在企画中で、ワーキンググループを運営委員会内に立ち上げた。

（9）その他

　運営委員会及び年報編集委員相互の日常の諸連絡や検討事項については、それぞれのメーリングリストによって行われている。

編集後記
―アジアに信をえる研究を―

　2018年の夏、銅版画家で彫刻家の浜田知明（ちめい）が亡くなった。

　若いころから、ナポレオン軍の残虐な行為と抵抗するスペイン民衆（スペイン独立戦争）を描写したゴヤの血と戦争の絵画に惹かれた。1939年、東京美術学校を卒業し、その年の冬、熊本歩兵第13連隊へ、翌年山西省の地を二等兵として踏むこととなる。美術学校での親友川西治男（戦死）の手紙には、「毎日、死体の中で飯を食っている、お前が来れば、喜ぶことだろう」と書いてあったが、日本の軍隊は愚劣で、残酷さ、野蛮さは想像を絶していた。

　「僕は自殺のことばかりを考えて生きていた」

　「毎日毎日、なぐられた。ほっと自分に返れるのは、狭い便所の中と、夜、一人で歩哨に立っているときぐらい。さらに、中国大陸で日本軍が犯したおびただしいむごい行動……。強盗、強姦、放火、殺人……。衣をはぎとられ、恥部を天にさらけ出して転がされた女たち。」

　軍隊と戦争で受けた深い傷跡。その体験はその後の人生と切り離せないものとなった。1950年から〈初年兵哀歌〉という一連の銅版画を発表し続けた。戦後、戦争文学を打ち立てた作家の中には、皇軍兵士としての自らの行いに向き合い続けた人々がいる。一方、美術の世界においては、戦場での日本兵の行いに向きあう人は多くない。その稀有な例である。

　「衣をはぎとられ、恥部を天にさらけ出して転がされた女」

　兵営でひとり涙する兵隊たちの中国の戦場での残虐な行為。浜田はこのモチーフの銅版画を〈初年兵哀歌〉シリーズの一つとして発表している。表題は「風景」である。死体の後景には、小さく行軍する日本軍の隊列が見える。まさに蝗（いなご）の軍隊である。皇軍のゆくところ、「殺・掠・姦（シャー・リュエ・チェン）」が繰り返される風景。中国の村々では蝗の大群が去った後のような状況が繰り返された。故郷では妻子もあり立派に暮らしている一人びとりの皇軍の兵士によって。

　この「初年兵」は、中国の人々から見れば、「日本鬼子（リーベンクイズ）」と表現される。私たちは、このことにこだわらなければならない。同じように朝鮮半島では「日本人という言葉がある。しかしながら、私たちの国の言葉の中には中国人、朝鮮人が鬼のように残酷であるという言葉はない。ここに、近代における日本とアジアの関係が示されている。この言葉は、日清戦争を機に使われた言葉であろう。森鷗外の日露開戦時の陸軍上層部への梅毒対策の上申書がそのことを裏付けている。当時の日本は公娼制度により国民、軍人の性を管理していた。森は、公娼制度では兵の性は管理できないと考えた。彼は陸軍軍医として、日清戦争での日本兵の殺戮と強姦とを見聞きしていた。

　日本人の戦争の記憶は、都市の空襲、沖縄戦、「ヒロシマ」、「ナガサキ」、そして引揚げと民衆の苦しみを大切にしてきた。そのことは、今後も私たちの記憶として大切に語り継いでいかなければいけない。一方でこれらの記憶を、平和の記憶として普遍化するだけでは、私たちはアジアの人々に対して信をえることはできない。平和の記憶が国民国家をどのように乗り越えるのかという問題である。

　安重根（アンジュングン）「東洋平和論」、孫文「大アジア主義」、それぞれ時代的制約をはらみつつも、ひとり天皇制国家のみが独善的な「脱亜」、「八紘一宇」を叫ぶことに警告と日本民衆への信頼を寄せる思想がアジアにはあった。戦後日本の「内向きの平和主義」は、いまだこの問題に格闘できていない。アジアに対し信をえる思想性（生き方）と研究が今現在も痛烈に問われている。

（一盛　真）

　本『年報』21号の発行が大幅に遅れました。編集内部における意思疎通が不十分であったことが原因でした。早くから原稿を寄せていただいた執筆者の方々、読者のみなさま、そして、出版元の皓星社には大変なご迷惑をおかけしました。申し訳ございません。今後、このようなことが起こらないよう最大限の注意を払って編集実務に携わっていきたいと思っております。（編集委員会）

著者紹介

一盛真

大東文化大学文学部教授。「美しみを紡ぐ言葉―水俣病事件・上野エイ子の語り―」（教育科学研究会編『教育』No.854、2017年3月号、かもがわ出版）、「『社会的殺人』の背後にある人間観の敗北」（『教育』No.857、2017年6月号）、書評「清水寛編著『ハンセン病児問題史研究』」（日本教育学会編『教育学研究』第84巻第4号、2017年12月）、書評「清水寛編著『ハンセン病児問題史研究』」（全国障害者問題研究会編『障碍者問題研究』第45巻第4号、2018年2月）、書評「有薗真代『ハンセン病療養所を生きる』（『教育』No.865、2017年2月号）、「『マジョリティ』としての『民族』」（社会教育推進全国協議会編『月刊社会教育』No744、2018年5月号）

王雯雯

中国／湖南省出身。九州大学大学院地球社会統合科学府・博士後期課程、アジア近代女性教育史専攻。「Overall Trends of Female Secondary Education in Manchukuo」『韓国言語文化研究』(22) 2016年、pp.91-100。松原 孝俊(監修)・Andrew Hall・金 珽実(編著)『満州及び朝鮮教育史 ―国際的なアプローチ―』花書院、2016年、pp.101 – 111。「The Role and Position of Women as Taught in Colonial Manchukuo Language Textbooks(1938-1942)」『地球社会統合科学研究』(9) 九州大学大学院地球社会統合科学府、2018年、pp.21-36。

岡田泰平

東京大学大学院総合文化研究科准教授。1971年生まれ。東南アジア研究、フィリピン研究。博士（学術）。『「恩恵の論理」と植民地－アメリカ植民地期フィリピンの教育とその遺制』（法政大学出版局、2014年）、「植民地大学について――研究史から

の試論――」『史潮』81号 (特集　植民地帝国と「大学」)、歴史学会、2017年、「「記憶の政治」研究を振りかえる――ピエール・ノラ編『記憶の場』日本語版の受容を中心に――」『歴史評論』808号 (特集　越境する戦争の記憶)、2017年8月。

小林茂子

中央大学非常勤講師。沖縄移民教育史、南洋教育史。博士（教育学）。『「国民国家」日本と移民の軌跡―沖縄・フィリピン移民教育史』（学文社、2010）、「開戦前後におけるマニラ日本人学校にみる教育活動の変容―発行された副読本と児童文集を手がかりに―」（国際日本文化研究センター『日本研究』50、2014)、「南洋群島における日本人小学校の教育活動―南洋庁サイパン尋常小学校保護者会編『さいぱん』(1935年)をもとに―」(JICA 横浜海外移住資料館『研究紀要』10、2016)、「旧南洋群島民間人収容所における教育と軍政初期の沖縄教育―主にテニアン島チューロ収容所の事例を手がかりに―」（根川幸男・井上章一編著「越境と連動の日系移民教育史　複数文化体験の視座」ミネルヴァ書房、2016）等。

佐藤広美

東京家政学院大学、1954年生まれ、博士（教育学)、『植民地支配と教育学』（皓星社、2018年)、『「誇示」する教科書』（新日本出版社、2019年)、『災禍に向きあう教育』（新日本出版社、2019年）

佐野通夫

1954年生まれ。こども教育宝仙大学教員。教育行政学。『子どもの危機・教育のいま』（社会評論社、2007)、『日本植民地教育の展開と朝鮮民衆の対応』（同、2006)、『アフリカの街角から』（同、1998)、『〈知〉の植民地支配』（編著、同、1998)、「近代日

本の教育と朝鮮」（同、1993）。鄭在哲著
『日帝時代の韓国教育史』（訳、皓星社、
2014）、『植民地教育とはなにか』（三一書房、
2020）等。

白柳弘幸

玉川大学教育博物館、玉川大学教育学部全
人教育研究センター研究員。日台近代教育
史、自校史（玉川学園史）。「台北高等学校
と成城高等学校―「自由」な校風と3名の
教育者―」『台北高等学校創立90周年
国際学術研討会論文集』国立台湾師範大学
台湾史研究所　2014年。「日本植民地統治
下台湾における日本人小学校の成立と展開
―統治初期から明治末年までの日本人教育
―」『玉川大学教育博物館紀要』第11号
玉川大学教育博物館　2014年。「台湾にお
ける小原國芳の教育行脚」『全人教育研究
センター年報』第1号　玉川大学教育学部
全人教育研究センター　2015年。「台南南
門尋常小学校における内台共学―大正9年
から昭和7年の『学校沿革誌』記録を中心
に―」『玉川大学教育博物館紀要』第14号
　玉川大学教育博物館　2017年。

田中寛

1950年生まれ。大東文化大学外国語学部
教授。日本語学、対照言語学。近現代文学。
主要書に『戦時期における日本語論・日本
語教育論の諸相』（ひつじ書房）、『高橋和
巳の文学と思想』（コールサック社）など。

陳虹彣

平安女学院大学准教授。教育史・比較教
育。博士（教育学）。「台湾総督府編修官加
藤春城と国語教科書」（『植民地教育史研究
会研究年報』8号、2008年）、「日本統治下
台湾人児童の日常生活について―国語教科
書を手掛かりに―」（その1～その2）（『平
安女学院大学研究年報』17.18号、2017-18
年）、「一九四〇年代の台湾における教育会
組織の展開と戦後の歩み」（梶山雅史編『現・
近代日本教育会史研究』所収、不二出版、
2018年）、『日本統治下の教科書と台湾の

子どもたち』（風響社、2019年）

中川仁

明海大学外国語学部教授、同大学院応用言
語学研究科兼担。専門は東アジアの言語政
策及び言語問題、中国語方言資料研究、日
本語教育。主な著書、単著に『戦後台湾の
言語政策―北京語同化政策と多言語主義
―』（東方書店、2009年）、共著に『日本
留学試験日本語対策問題集』（Jリサーチ
出版、2004年）、『日本語教育をめぐる研
究と実践』（凡人社、2009年）、編著に『二・
二八事件資料集』（尚昂文化事業国際有限
公司、2008年）、『戦後初期日本における
中国語方言研究資料・李献璋の福建語法
序説』（尚昂文化事業国際有限公司、2015
年）、『李献璋の台湾民間文学集』（東方書
店、2016年）、共編著に『王育徳の台湾語
講座』（東方書店、2012年）、『中国・台湾
における日本語教育をめぐる研究と実践』
（東方書店、2014年）、『東アジアのボーダー
を考える―歴史・国境・認識―』（右文書
院、2014年）、『東アジアの秩序考える―
歴史・経済・言語』（春風社、2017年）、『東
アジアの弾圧と抑圧』（春風社、2019年）、
監修に「日本統治下における台湾語・客家
語・蕃語資料」（近現代資料刊行会、2019年、
全3冊）などがある。

藤森智子

田園調布学園大学教授。博士（法学）。『日
本統治下台湾の「国語」普及運動―国語講
習所の成立とその影響』（慶應義塾大学出
版、2016年2月）、「日本統治下台湾の「国
語講習所」（1930-45）の講師に関する一考
察－講師の履歴を中心に」（慶應義塾大学
法学部『法学研究』90（1）、2017年3月）、「日
中戦争期台湾における日本語普及―戦時下
の社会教化を中心に―」（『新世紀人文学論
究』2、2018年11月）等。

丸山剛史

宇都宮大学教育学部教員。1971年生まれ。
学校教育学、技術教育学。『戦後教育改革

資料　19　鹿内瑞子旧蔵資料目録』（共編、国立教育政策研究所、2006）、「宇都宮大学所蔵『満洲国』技術員・技術工養成関係資料目録　──解説と凡例──」（『植民地教育史研究年報』11、皓星社、2009）、「長谷川淳の文部省における技術教育の探究と挫折」（田中喜美編『技術教育の諸相』学文社、2016）など。

山本一生

上田女子短期大学専任講師。博士（教育学）。『青島の近代学校－教員ネットワークの連続と断絶』（皓星社、2012年）、「扶輪学校設置とその教育活動」（貴志俊彦・白山眞理編『京都大学人文科学研究所所蔵　華北交通写真資料集成』国書刊行会、2016年11月）、「「外地」の商業学校の学科課程における商業教育の意義と編成方法－私立青島学院商業学校を事例として－」（『植民地教育史研究年報』Vol.19、2017年3月）等。

『植民地教育史研究年報』投稿要領

2015 年度総会（2016 年 3 月 5 日）了承

投稿要領
①投稿の申し込み締め切り日は、毎年 7 月 31 日とする（編集委員会必着）。
②投稿は、葉書、メール、または、ファックスにより、以下を記入の上、編集委員会に申し込む。
名前、標題（30 字以内）、区分（研究論文、研究ノート等）、連絡先
③申込・提出先（編集委員会）は、研究会事務局に問い合わせること。
④投稿原稿提出の締め切り日は、毎年 9 月 30 日とする（編集委員会必着）。
⑤研究論文等の投稿は、会員に限る。
⑥応募原稿は未発表のものに限る。ただし口頭で発表したものは、この限りでない。
⑦掲載が決定した場合は、投稿料として原則 1 人 5,000 円を納める。執筆者には 3 冊贈呈する。ただし、諸事情のある場合には、運営委員会による減免措置がある。
⑧掲載原稿の著作権は、研究会に帰属する。ただし著者は、研究会に連絡して、転載することができる。
⑨投稿原稿は日本語によるものとする。
執筆要領
⑩原稿の分量は次のとおりとする（本文・注・図・表などすべてを含む。分量厳守のこと）。
研究論文：20,000 字、研究ノート・研究方法・研究動向：8,000 字
旅の記録・研究資料：6,000 字、気になるコトバ：4,000 字
⑪投稿原稿等の提出要領（掲載される・されないに関わらず以下の項目を提出すること）
1．以下の項目を書いて添付すること。
　⑴標題・著者名・所属（和文・外国語で表記のこと）、⑵著者紹介（最近の研究業績は 2 本以内）、⑶連絡先（住所、電話番号、ファックス番号、メールアドレス）
2. 電子データ原稿を原則とする。
3.「図表、写真等のデータ」の取り扱い。
　⑴文字原稿データと図表・写真等はデータを分けて提出すること。
　⑵表は、ワードではなくエクセルで作成すること。
　⑶「図表、写真等のデータ」には番号を振り、本文中の位置を指示すること。
　⑷写真はモノクロでの印刷となる。
　⑸脚注機能を使用せず、入稿時には本文に注番号も含めて記入すること。
　　例：
　　「……必要が起こるのであります。」（注 15、塩原時三郎「東亜に於ける日本帝国の使命」『文京の朝鮮』1937 年 12 月、30 頁。）しかし、……
⑫執筆者による校正は一度（初校）限りとする。校正時の大幅な修正は認めない。
編集委員会
⑬原稿の採否は編集委員会が決定する。
⑭研究論文と研究ノートは、別に定める審査要領に基づく審査を経て、編集委員会が採否を決定する。
⑮書評は、別に定める書評選考規程に基づいて、編集委員会が採否を決定する。
⑯編集委員会は原稿の内容・表現等について、著者に修正・書き直しを求めることがある。また、編集委員会で用字・用語等について、修正・統一をすることがある。
⑰編集委員会は必要に応じて、会員、非会員に原稿執筆を依頼することができる。

CONTENTS

植民地教育史研究年報　第 21 号
Reviews of Historical Studies of Colonial Education vol.21

日中戦争と植民地教育の展開
The Sino-Japanese Total War and the development of colonial education

編集
日本植民地教育史研究会運営委員会（第Ⅵ期）
The Japanese Society for Historical Studies of Colonial Education

　　代表：佐藤広美
　　運営委員：北川知子・小林茂子・清水知子・合津美穂・岡部芳広・
　　　丸山剛史・藤森智子・佐野通夫
　　事務局長：山本一生
　　事務局次長：松岡昌和
　　事務局員：清水知子・白恩正・松岡昌和・滝澤佳奈枝・黒川直美
　　年報編集委員会：一盛真・藤森智子・松浦勉・芳賀普子・井上薫・
　　　丸山剛史
　　事務局：神奈川県相模原市南区文京 2-1-1
　　　　相模女子大学学芸学部岡部研究室

　　TEL 042-713-5017
　　URL http://blog.livedoor.jp/colonial_edu/
　　E-Mail：y-okabe@star.sagami-wu.ac.jp
　　郵便振替：00130-9-363885

発行　2020 年 2 月 29 日
定価　2,000 円＋税
　　発行所　　　株式会社 皓星社
　　〒 101-0051　千代田区神田神保町 3-10 宝栄ビル 6 階
　　電話：03-6272-9330　FAX：03-6272-9921
　　URL http://www.libro-koseisha.co.jp/
　　E-mail：book-order@libro-koseisha.co.jp
　　郵便振替　00130-6-24639

装幀　藤巻亮一
印刷・製本　精文堂印刷株式会社
ISBN978-4-7744-0677-0